高昌砖集

黄文弼 著

GUANGXI NORMAL UNIVERSITY PRESS

广西师范大学出版社

·桂林·

高昌砖集
GAOCHANG ZHUAN JI

出版统筹 罗财勇
编辑总监 余慧敏
责任编辑 罗财勇
责任技编 余吐艳
封面设计 @吾然设计工作室

图书在版编目（CIP）数据

高昌砖集 / 黄文弼著. －－ 桂林：广西师范大学出
版社，2023.10
　　ISBN 978-7-5598-5943-3

　　Ⅰ．①高… Ⅱ.①黄… Ⅲ.①高昌（历史地名）－
古砖－研究 Ⅳ.①K876.34

　　中国国家版本馆 CIP 数据核字（2023）第 052337 号

广西师范大学出版社出版发行
（广西桂林市五里店路 9 号　邮政编码：541004）
　网址：http://www.bbtpress.com
出版人：黄轩庄
全国新华书店经销
广西广大印务有限责任公司印刷
（桂林市临桂区秧塘工业园西城大道北侧广西师范大学出版社
集团有限公司创意产业园内　邮政编码：541199）
开本：787 mm × 1 092 mm　1/16
印张：15.25　字数：180 千
2023 年 10 月第 1 版　　2023 年 10 月第 1 次印刷
印数：0 001~6 000 册　　定价：80.00 元
如发现印装质量问题，影响阅读，请与出版社发行部门联系调换。

黄文弼（1893—1966）

作者小传

黄文弼（1893—1966），原名黄芬，字仲良。湖北汉川人。中国著名考古学家、西北历史地理学家。

1915年，黄文弼考入北京大学哲学门，1918年毕业留校，历任国学门助教、讲师、副教授。黄文弼在帝制消亡及五四以来民主与科学思潮涌动的特殊时代背景里成长起来，很早就树立起追求新知的信念。在他求学与任教的时期，北京大学国学门人文荟萃，通过与李大钊、胡适、沈兼士、马叙伦、黄侃等人的交往与学习，黄文弼打下了牢固的传统学术根基，也培养了宏通开放的学术视野。

黄文弼最重要的成就和贡献，是对我国西北考古，尤其是对新疆考古事业的开拓与奠基。他一生曾四次至新疆考察。1927年，中国、瑞典共同组成"中国西北科学考查团"，黄文弼以唯一一名中国考古学者的身份加入考查团，在内蒙古和新疆地区进行了为期三年多的野外考察，取得了极大的成功，为处于起步阶段的中国考古学赢得了世界性的声誉。1933—1934年，黄文弼以国民政府教育部考察新疆教育文化专员的身份再赴新疆。1943年，黄文弼受西北大学委托，随"国父实业计划考察团"第三次赴新疆。新中国成立后，黄文弼于1957年率领中国科学院考古队又一次前往新疆进行考古工作，带动并培养了一批西北考古的后备力量。从1927年开始，黄文弼在新疆考古学领域耕耘了近40年，他的四次西北考察，仅在新疆境内的总行程就超过38000公里，从第一次穿越塔克拉玛干沙漠、第一次将足印留在罗布泊土垠遗址、第一次发现干涸的塔里木南河……天山南北几乎所有的古迹都留下了他的足迹。他是在新疆考察延续时间最长、范围最广、涉及遗址类型最多的中国学者，也因此被誉为"中国新疆考古第一人"。

除了考古工作，黄文弼在文化、教学、科研领域取得了多方面的成就。1935年，他以国民政府中央古物保管委员会委员的身份担任西安办事处主任，主持西安碑林的整理工作。抗战期间，先后担任西北联大、四川大学教授，1942年起担任西北大学历史、边政系主任。抗战胜利后，担任北平研究院史学研究所研究员。1949年以后，担任中国科学院考古研究所研究员，继续从事新疆考古资料的整理与研究工作。1965年，当选中国人民政治协商会议全国委员会第四届委员。

黄文弼因其深厚的传统学问功底，又受过新思潮与治学方法的陶冶，在他的西北史地研究中，往往包含着考古、历史、地理、民俗等多方面的综合内容，并且走出了一条守正出新的研究道路，即将考古学、历史学与地理学结合在一起，以考古学实物、传世文献与实地考察相印证的"三重证据法"，从而开创了中国西北史地研究的新格局。

1966年12月18日，黄文弼先生赍志以殁。幸运的是，他生前就已经把毕生研究的心得结集为"三记两集"，即《罗布淖尔考古记》《吐鲁番考古记》《塔里木盆地考古记》《高昌砖集》《高昌陶集》，后人又将他的西北考察日记、学术论文编为《黄文弼蒙新考察日记（1927—1930）》《西北史地论丛》《黄文弼历史考古论集》《西域史地考古论集》，成为新疆考古、西北历史地理研究领域的一笔宝贵遗产，焕发出永恒的光芒。

再版前言

黄文弼是中国新疆考古的先驱。《高昌砖集》与《高昌陶集》是黄文弼对吐鲁番考古工作所获墓志与陶器的整理研究报告[1]，这两部著作与黄文弼的其他三部考古报告《罗布淖尔考古记》《吐鲁番考古记》《塔里木盆地考古记》合称"三记两集"，是中国新疆考古划时代的重要成果。时值黄文弼130周年诞辰之际，广西师范大学出版社与北京大学朱玉麒教授领衔主持的"中国西北科学考查团文献资料整理与研究"课题组、新疆师范大学黄文弼中心合作，再版"两集"。为此，特总结黄文弼《高昌砖集》与《高昌陶集》的编纂过程，并表彰其时代意义与研究价值如下。

一、黄文弼的吐鲁番考察及"两集"编纂

《高昌砖集》与《高昌陶集》的编纂，直接来自黄文弼1930年在吐鲁番进行的考古调查与发掘。《高昌砖集》所载《吐鲁番发现墓砖记》以及《高昌陶集》所载《雅尔崖古坟茔发掘报告》，详细记载了黄文弼在雅尔湖古城（即交河故城遗址）发掘的详细经过。然而，黄文弼实际上又在高昌故城、吐峪沟等地获得部分墓志等文物，亦收录于《高昌砖集》中。仅读"两集"，无法确知交河故城以外的文物来历。故先据《黄文弼蒙新考察日记

---

[1] 黄文弼《高昌砖集》曾经两次出版，前次用"塼"，第二次作"塼"，均为"磚（砖）"字古体、异体字，本文除非必要，统用"砖"。

（1927—1930）》（以下简称"《蒙新考察日记》"）记载，略述其吐鲁番考察经过。[1]

1927年5月8日，黄文弼随中瑞西北科学考查团自北京出发，途经内蒙古到达新疆，开启了中国学者首次在新疆进行考古调查的时代之旅。他在1928年2月底、3月初，即途经吐鲁番，调查吐峪沟等处文物点。但这仅是前往迪化（今乌鲁木齐）的旅途中间站，并没有开展工作。4月，黄文弼离开迪化，正式开始新疆的考古工作，他再次经过吐鲁番时，便开始留意当地古物。4月24日，黄文弼在崔县长陪同下访问两等学校的杨重熙，得知其藏有三堡旧城（即高昌故城遗址）出土墓砖1方，当地当铺又有墓砖2方。黄文弼随即请杨重熙帮忙代购，这两方墓志分别为《□□妻马氏墓志》（即《高昌砖集》所载《史建洛妻马氏墓志》）和《范法子墓志》。杨重熙私藏的1方也赠予黄文弼，即唐垂拱二年《氾建墓志》。此为黄文弼最初搜集到的3方墓志。

1930年2月，黄文弼结束塔里木盆地的考古调查后，再次来到吐鲁番，主要在雅尔湖古城（即交河故城遗址）周边进行发掘工作。据《蒙新考察日记》所载，黄文弼2月24日到达雅尔湖，26日开工，全3月18日停工。在不到 个月的时间内，用款"一千五六"，每日均二三十人参与发掘，获得大量采集品，以陶器及墓砖最多，然而"工作之地，不过十之二三耳"[2]。具体工作情况详见于"两集"，此不赘述。黄文弼将采集品打包后，即赴吐鲁番东部考察。4月1日，黄文弼派人在吐峪沟路北发掘古坟院，出土墓砖2方，《蒙新考察日记》云："一为章和七年平远府参军；一为河西王通事舍人。"[3] 前者为《高

1　黄文弼:《黄文弼蒙新考察日记（1927—1930）》，黄烈整理，文物出版社，1990年。以下叙述黄文弼考察经过者，皆出自此书，除直接引文不再一一出注。
2　黄文弼:《黄文弼蒙新考察日记（1927—1930）》，第523页。
3　黄文弼:《黄文弼蒙新考察日记（1927—1930）》，第528页。

昌砖集》中的章和七年（537）《张归宗夫人索氏墓表》，后者为《张季宗及夫人宋氏墓表》。不过在1931年版《高昌专集》中，记录《张季宗及夫人宋氏墓表》"出吐鲁番哈拉和卓古坟"[1]，而1951年增订本《高昌砖集》载其"出吐鲁番阿斯塔拉（编者注：今多作'那'）古坟茔"[2]，未知孰是。白须净真将两方墓志都列为吐鲁番哈拉和卓墓群出土[3]。

表1　黄文弼在交河故城以外所获墓志表

序号	题名	年代	出土地	来历	出处
1	张季宗及夫人宋氏墓表	沮渠氏高昌时期（442—460）	吐峪沟路北古坟院	发掘	《蒙新考察日记》
			哈拉和卓墓群		《高昌专集》（1931年版）
			阿斯塔那墓群		《高昌砖集》（1951年增订本）
2	张归宗夫人索氏墓表	章和七年（537）	吐峪沟路北古坟院	发掘	《蒙新考察日记》
			交河故城沟西墓群		《高昌砖集·图版》（1951年增订本）
3	巩氏妻杨氏墓表	延和元年（602）	阿斯塔那墓群		《高昌砖集》
4	范法子墓志	重光三年（622）	阿斯塔那墓群	于当铺购买	《蒙新考察日记》
5	翟那宁昏母康波蜜提墓志	麟德元年（664）	阿斯塔那墓群		《高昌砖集》
6	□海悦墓志铭	乾封二年（667）	阿斯塔那墓群		《高昌砖集》
7	氾建墓志	垂拱二年（686）	阿斯塔那墓群	杨重熙赠送	《蒙新考察日记》
8	史建洛妻马氏墓志	武周时期（690—705）	阿斯塔那墓群	于当铺购买	《蒙新考察日记》
9	康富多夫人墓志铭	神龙元年（705）	阿斯塔那墓群		《高昌砖集》

1　黄文弼：《高昌专集》，西北科学考查团丛刊，1931年，专文第8页。
2　黄文弼：《高昌砖集》（增订本），中国科学院，1951年，第80页。
3　白須淨眞：《高昌門閥社会の研究：張氏を通じてみたその構造の一端》，《史学雜誌》第88卷，1979年，第26页。

1930年秋，黄文弼返回北平，任北平女子师范大学教授并开始整理西北考察所获文物。据《高昌专集赘言》，黄文弼拟按照高昌、蒲昌、焉耆、龟兹、佉沙、于阗的地域顺序进行考古报告整理，其中高昌是第一辑。[1] 1931年2月，"中国学术团体协会西北科学考查团理事会"出版了黄文弼的《高昌》第一分本，作为"西北科学考查团丛刊之二·考古学第一辑"。该书收录《吐鲁番发现墓专记》《墓专目录》《高昌麴氏纪年》《高昌官制表》四篇内容，并附《新疆发现古物概要》，介绍了发现概要和初步研究情况。同年5月，黄文弼很快又出版了《高昌专集》，作为《高昌》第二分本，内容是墓志图版和释文。1951年，中国科学院重新刊行《高昌砖集》，始将《高昌》第一分本与《高昌专集》即《高昌》第二分本合印，形成增订本。

黄文弼在完成墓志整理研究工作后，随即开始整理吐鲁番出土的陶器，于1933年出版《高昌陶集》。该书分上、下两篇，上篇包括《雅尔崖古坟茔发掘报告》《雅尔崖古冢中遗物图说》《雅尔崖陶器之研究》，详细交代在交河故城周边发掘的经过及对陶器的初步研究；下篇则是陶器照片及相关线图等，主要刊载黄文弼自八百余件陶器中挑选的百余件具有代表性者，同时附有若干铜器和泥塑。按《高昌专集赘言》，高昌部分原计划完成四个分本，《高昌陶集》再加上工艺用品部分便可组成《高昌》第三分本，"胡语文书"则为第四分本。但由于种种原因，出版第三、四分本的计划并未完成。1954年，黄文弼出版《吐鲁番考古记》，才将《高昌砖集》《高昌陶集》中未整理的文书、艺术品等内容整理刊布。

二、"两集"的时代意义

《高昌砖集》与《高昌陶集》是"中国西北科学考查团"刊布的

---

[1] 黄文弼:《高昌专集赘言》，附于1931年版《高昌专集》书后，第5页。

第一批中方考古成果，也是中国学者第一次撰写关于新疆的考古报告，具有重要的时代意义。

19世纪末20世纪初，中国新疆成为外国探险家的乐园，英、法、德、俄、日等国探险队纷至沓来，获得了大量珍贵文物，使新疆考古和历史语言研究等成为国际性显学。然而中国学者却一直未能涉足新疆的科学考古调查工作。1927年，瑞典探险家斯文·赫定筹划的中国西部考察，出乎本人意料地成为历史转折。在中国学术界的反对与交涉下，中瑞双方最终签订协议，共同组成了"中国西北科学考查团"（又称"中瑞西北科学考查团"），黄文弼则是作为中方唯一的考古学者参与了此次考察。当时正值中国考古学诞生的关键时刻，1926年，李济、袁复礼刚刚在山西西阴村遗址完成了第一次由中国学者主持的田野考古工作，社会和学界也具有了更加明确的文物主权意识。故而，"中国西北科学考查团"成立之后便受到了广泛关注，1927年至1930年间，"考查团"在蒙新的调查成果屡屡见诸报刊。"考查团"成员返回北平后，学界也十分关心考察成果。1930年10月，燕京大学教授顾颉刚便邀请返平不久的黄文弼来校演讲，随后又曾专门观摩黄文弼在新疆所获木简。[1]

20世纪30年代，"中国西北科学考查团"中方团员仅出版了《高昌》第一分本、《高昌专集》与《高昌陶集》这三种考古报告。如前所述，《高昌》第一分本为"西北科学考查团丛刊之二"，而"考查团丛刊"最早的一本是1930年出版的《徐旭生西游日记》，由此也可以说，《高昌》第一分本是整个"考查团"刊布的第一份涉及学术研究的考察报告。加之《高昌专集》《高昌陶集》很快出版，使渴望了解"考查团"考古成果的学界人士得以一睹高昌墓砖、陶器之真容，受到了很大关注。《燕京学报》《辅仁学志》纷纷介绍《高昌专集》《高

1　《顾颉刚日记》卷二，《顾颉刚全集》第45册，中华书局，2011年，第450、451、466页。

昌陶集》的出版情况。[1]

　　当时有不少学者为几种高昌报告撰写书评。向达《评黄文弼近著高昌三种》，主评黄文弼的《高昌》第一分本、《高昌专集》以及单篇论文《高昌疆域郡城考》，高度评价了黄文弼新疆考古及文献整理研究的价值。向达提出，"至于西渡流沙，穷年兀兀，用科学方法以追随西洋先进之后，与之协力合作，为各方面之探讨者，以前尚未之有也"。论及黄文弼的著述时，则言"西北科学考查团之成绩在中文著述方面，目前不能不以黄君之收获为最大焉"。至于《高昌》第一分本的成果，"黄君此次所获高昌墓砖至124方之多，即就数量而言，便已为自来所未有，而其对于高昌史之最大贡献尚有二焉。一曰重光元年墓表之发见也。……二曰章和、永平、和平、建昌、义和诸年号墓表之发现也"。关于《高昌专集》影印墓志图片，又说"西陲专文，前惟《考古图谱》及斯坦因书中选影若干，若此集之84方，蔚为大观，尚属创见，其足以见西陲文化之概，盖不仅如黄君所云有益于俗字土语之研究而已也"。当然，向达也指出了黄文弼在具体考证中的诸多问题，但他对黄文弼成果的总体评价是，"黄君在高昌史上之贡献，实驾罗振玉氏而上之，此盖学术界之公论，非余一个人之阿私"[2]。这大致可以代表当时学界对于黄文弼获得大量考古新资料的赞叹，以及对他在此基础上进行的新研究的认可。

　　郑师许《评黄文弼〈高昌陶集〉》，一方面是肯定其考古学上的意义，认为"我国考古学发生极迟"，此前学者著录的大多是状态

1　《出版界消息：高昌专集（第二分本）》，《燕京学报》第10期，1931年，第227页；《出版界消息：高昌陶集》，《燕京学报》第15期，1934年，第275—276页。《出版界消息：高昌陶集》，《辅仁学志》第4卷第1期，1933年，第208页。

2　以上参见向达《评黄文弼近著高昌三种》，《国立北平图书馆馆刊》第6卷第5期，1932年，124—136页。又见朱玉麒、王新春编《黄文弼研究论集》，科学出版社，2013年，第215—224页。

不明或真伪难辨的文物，而黄文弼著录的都是亲手发掘的"第一等遗物"，"以这一点而论，已应压倒前人"。同时他提到，《高昌陶集》对"所发掘的冢墓及墓中遗物存置的情形，均加以实测，绘图精细而详明"，"又于照片制版外，凡遇花纹精美，照相不容易显示的，每用摹写方法附一写形或剖析图，深合吾人向所主张的三位一体法"[1]。另一方面是肯定其在中西交通史研究上的意义，郑师许特别指出黄文弼在陶器研究过程中，能够注意到"我国中古初期东西交通的路线与文化交流的情形"，"既不盲从汉人种西来陋说，又不误信中国文化高于一切的怪论"。戴家祥《评〈高昌陶集〉》也同样是在两方面给予肯定的评价，认为"其搜罗之勤如彼，方法之严如此，是诚晚近考古界有价值之著述也"；同时提出有些外国学者"不承认中国文明在新疆有若何影响"，而黄文弼此书"适足以证其谬而补其缺略也"[2]。当时中国考古正经历从传统金石学向近代考古学的过渡，随着学术视野的开阔，东西交流也成为热点问题，上述《高昌陶集》的撰述特点正可体现这一时期的学术潮流。

除了学界的关注，"两集"也在社会层面产生了一定影响。顾颉刚收藏有一册《高昌》第一分本，其上有顾颉刚及其父顾柏年的题记：

民国二十年二月十七日，儿子诵坤由北平以新出版之《高昌》一册邮寄到杭，翌日展读一过。时大雪初霁，颇似置身沙漠，令人发思古之幽情也。虬记。[3]

1　郑师许：《评黄文弼〈高昌陶集〉》，《教授与作家》第1卷第2期，1934年，第7—8页。又见朱玉麒、王新春编《黄文弼研究论集》，第230—232页。

2　戴家祥：《评〈高昌陶集〉》，《大公报·图书副刊》1934年2月17日。

3　《顾颉刚文库古籍书目》卷二，《顾颉刚全集》第62册，第784页。

此书为吾友黄仲良君实地勘探所著，出版后即寄吾父。其时先君方深研金石之学，而西陲文物著记不多，得此狂喜，因加朱墨。一九三七年倭寇傲扰，予父子遂相失，翌年冬，吾父怀忧弃养。及至一九六六年，仲良亦长逝矣。今日翻展此册，不禁黯然。一九七二年，颉刚记于京寓。[1]

顾柏年，字子虬，当时正在杭州任职。据题记，顾柏年收到顾颉刚寄来的《高昌》第一分本是在1931年2月17日。而《高昌》第一分本在当月才正式出版，可知顾颉刚在好友黄文弼处拿到书后，便立即邮寄其父。当时正研究金石学的顾柏年，在得到《高昌》第一分本后欣喜若狂。1972年，当顾颉刚再次翻看这本书时，他的父亲与老友黄文弼均已逝去，心情倍感沉痛。这也是顾颉刚对黄文弼最后的追思。这册凝聚着顾氏父子情怀的《高昌》第一分本，也可以展现当时社会对于黄文弼考古成果的关注。

三、"两集"的学术价值

《高昌砖集》与《高昌陶集》对于今日的学术研究来说，依然具有重要的价值，主要体现在如下几方面。

（一）"两集"刊布了大量吐鲁番出土墓志、陶器，仍是相关研究需要参考的原始资料。《高昌砖集》总共收录有墓志124方，其中刊布图版的有70方。这是一个相当大的数量，据张铭心的最新统计，目前已知的全部吐鲁番出土墓志，也只有373方左右。[2]也就是说，黄文弼所获墓志占到了目前所知吐鲁番出土墓志的约1/3。《高昌陶集》刊布各式陶器共120件，并附有少量铜器和泥塑，总体数量也非常大。黄文弼所获吐鲁番出土墓志，据云主体收藏于故宫博物院，少

1　《顾颉刚文库古籍书目》卷二，第830页。
2　张铭心编著：《吐鲁番出土墓志汇考》，广西师范大学出版社，2020年，第3、4页。

量藏于国家博物馆与国家图书馆。[1]陶器具体去处则不详。就目前来看，在"两集"之后似未见有针对黄文弼所获吐鲁番出土墓志、陶器的全面整理的新成果，故而"两集"仍然是必备的原始参考资料。

（二）《高昌砖集》刊载了墓砖文字的初始记录。吐鲁番地区似无较好的石材，故当地古人大多烧砖作为墓志，习称"墓砖"或"砖志"。受限于材料，很多墓砖都是用朱笔或墨笔书写志文，而非镌刻，出土后如保存不好便容易褪色或被涂抹。黄文弼在《高昌砖集》中就提到，很多墓志在刚出土时很多字尚能辨认，但在整理时已略模糊。幸好黄文弼在墓志出土时便做了初步的文字记录，对于这些已经模糊但有出土记录的字，黄文弼一律加点表示。如《高昌砖集》所见之《画承及夫人张氏墓表》《曹怀明妻索氏墓志铭》等，便有不少加点的字。故宫收藏的部分黄文弼所研究的墓志彩图曾刊于《晋唐五代书法》图录，其中有《画承及夫人张氏墓表》（见下页图1）[2]，细审图版，其最后3行朱笔书写文字确实较难辨认。更值得注意的是，图片中该墓志左上角缺失，较黄文弼释文又残去数字，可知黄氏释文仍是重要参考。此外，还有很多墓志目前仍然未刊布清晰彩图，不少墓志上尚能辨认的字，在黑白图版上较为模糊，这些也都需要参考《高昌砖集》的释文。

（三）"两集"记录了黄文弼在交河故城周边墓群的发掘细节，是后续考古工作和学术研究的重要参考。特别是《高昌陶集》有详细的《雅尔崖古坟茔发掘报告》，《高昌砖集》和《高昌陶集》均附有《吐鲁番城西雅尔崖形势图》和《雅尔崖沟西古坟茔分布图》。数十年来，中国考古工作者追寻黄文弼的足迹，在交河故城进行了大量考古工作，成果斐然。其中很多工作都是在黄文弼的研究基础上进行的，如1994年新疆文物考古研究所准备在交河沟西进行考古发掘时，就

---

1 侯灿、吴美琳：《吐鲁番出土砖志集注》，巴蜀书社，2003年，第24页。
2 《晋唐五代书法》，《故宫博物院藏文物珍品全集》，香港商务印书馆，2001年，第34页。

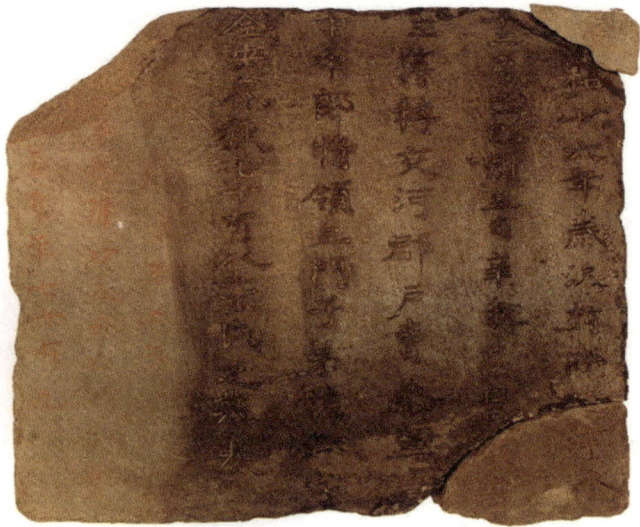

图 1　画承及夫人张氏墓表
图片来源：《晋唐五代书法》，香港商务印书馆，2001 年，第 34 页。

曾以黄文弼《高昌砖集》中的"简单测图"为依据，对沟西墓地进行了详细踏查，证明黄文弼的测图"对沟西台地偏北段高昌至唐代墓茔、墓冢，记录比较准确，有关墓茔之墓冢，已经发掘还是未曾发掘，也作了相应图示；但台地南半段，墓冢记录稍粗"[1]。目前所见各种关于交河的考古研究中，也多见引用《高昌砖集》与《高昌陶集》。

　　黄文弼的科学记录，在当时也得到了国际学界的普遍赞扬。如在《高昌陶集》出版之初，日本的考古学家水野清一就曾对于黄文弼突破中国古器物学研究模式的这一标志性成果，对中国考古学的

1　王炳华主编：《交河沟西：1994—1996 年度考古发掘报告》，新疆人民出版社，2001 年，前言第 3 页。

进步表示庆贺，认为"这个报告书中虽然也多少有些古器物学的正名，但是主题中心被做成形式完整的处理报告，令人欣快之至"，而"随着发掘的进行，考古学渐渐被采用了其本来应有的面目形式"[1]。

四、"两集"的再版

《高昌砖集》与《高昌陶集》出版后，一时洛阳纸贵，供不应求。2009 年，线装书局将"三记两集"策划为《中国早期考古调查报告》第二辑，按照初版原书影印出版，但是影印本数量极少，市面仍寻觅不易。随着代表中外文明交流的丝绸之路研究成为新时代学术研究的热潮，为了满足国内外读者的需求，也为了弘扬、传承优秀历史文化，广西师范大学出版社对《高昌砖集》《高昌陶集》进行了高标准的整理出版。

此次"两集"的再版整理工作，分别以《高昌砖集》(1951 年增订本)、《高昌陶集》(1933 年版)为底本，用规范简体字进行录排，并对图片进行现代技术处理，进一步提高了图片的精美度。为保证著作原貌，除就现行出版规范做出个别校订外，其余均一仍其旧。

"两集"的整理再版工作，得到了黄文弼先生后人黄纪苏等人的大力支持。受出版社委托，北京大学中国古代史研究中心朱玉麒教授为首席专家的国家社会科学基金重大项目"中国西北科学考查团文献资料整理与研究"(批准号：19ZDA215)课题组团队，以及新疆师范大学黄文弼中心对再版工作给予了学术指导和支持。具体参加人员为：北京大学朱玉麒教授、徐维焱博士、袁勇博士，新疆师范大学吴华峰、刘长星老师，中国社会科学院古代史研究所刘子凡副研究员。朱玉麒、吴华峰、刘子凡共同制定校勘原则，徐维焱、袁

1　水野清一关于《高昌陶集》的短书评，原刊《史林》第 19 卷第 2 号，1934 年；此据田卫卫中译本《日本关于黄文弼著作三种书讯》，朱玉麒、王新春编《黄文弼研究论集》，第245 页。

勇、吴华峰、刘长星等负责初校，刘子凡负责统稿和审订。

　　《高昌砖集》与《高昌陶集》作为黄文弼最早刊布的考古成果，体现了"西北科学考查团"高尚精神与学术追求，具有划时代意义。"两集"对吐鲁番出土的大量珍贵墓志、陶器的整理刊布，在今天看来仍然具有学术参考价值。"两集"的再版对于吐鲁番学研究来说无疑又是一项盛举。

刘子凡

2023 年 7 月

凡　例

一、原书为繁体直排，本书改作简体横排。

二、作者行文风格及时代语言习惯，均不按现行用法、写法及表现手法改动原文，如"考查"等；部分用词、标点，据现代汉语规范，酌予改正，如"已后"作"以后"，"土人"作"本地人"等。

三、书中涉及的专名（人名、地名、术语）及译名等均保留原貌。

四、书中引书，时有省略更改，倘不失原意，则不以原书文字改动引文。

五、书中所引文献有简称的，统遵原书，不予改动。

六、书中如因作者笔误、排印舛误、数据计算与外文拼写错误等，则予径改。如"丁已"改"丁巳"，"已未"改"己未"等。

增订本序

一九三〇年我到新疆吐鲁番考察，在雅尔湖古墓里，发现墓砖百二十余方，运京整理研究。一九三一年二月，出版《高昌》第一分本，同年五月，出版《高昌专集》，到现在已二十年了。当时印刷不多，早已绝版。这批材料是研究中国西北民族历史和文化，有相当价值的参考资料。为了适应各方面需要，中国科学院决定把《高昌专集》重印，并把《高昌》第一分本也合并在一起。我趁这个机会，将原书作了一些订正和补充。

第一，在墓砖的排列次序方面，我当时因为出版仓卒，关于年代次序，未作仔细研究，竟把重光年号的墓砖，排在章和之前，误认是麴嘉的年号。后来我根据干支和月朔，考订重光应在义和之后，初版排列次序是错了。《墓专录文》和《麴氏纪年》，在年代次序上也是犯了同样的错误，现在重编，一起都改正过来。

第二，初版编次分"专集""专文"和"校记"三部分，凡有墓砖照片的，编为"专集"，放在书的前面；无照片只录"专文"的，放在"专集"之次；考订年代和字义的，录为"校记"，列在最后。这种编排方法，使原来年代相关联的材料，被分割开来，同属一文，支解数起，检阅时非常不便。照片的释文也不完全。现在全部整理改编，原来"专集"，改为"图版"，放在书的后面；没有照片的录文和有照片的释文，合在一起，按照年代次序和初出土时记录，全部重写重编，成《墓专录文》，并附考订，作为本书主体。综计所收墓砖一百二十二方，计有图版的七十方，无图版而只录文的五十二方。（这里面属于麴氏有国时代的九十五方，属唐西州时代的二十七方。）至于墓砖上，有许多别体字，另编有《别体字通检》，下注墓砖号数，附于墓砖录文之末，以便检查。

第三，我们在墓砖上所获知的高昌国年号，共有章和、永平、和平、建昌、延昌、延和、义和、重光、延寿九个。我根据这些不同的年号，推算高昌国王的世系，配合史事，作《麴氏纪年》，发表在《高昌》第一分本中。但高昌国的惯例，每一国王，都有一个年号。由史书上的记载，所可考知的王名，只有麴嘉、光、子坚、玄喜、宝茂、伯雅、文泰七代，章和是子坚的年号，永平是玄喜的年号，建昌是宝茂的年号，延和是伯雅的年号，延寿是文泰的年号，但延昌是哪一个王的年号呢？我当初作《麴氏纪年》时，还不知道。近年法人马伯乐清理斯坦因在吐鲁番劫获的文物中，内有高昌人所写的《大品般若经》残纸，跋尾上有"延昌卅九年己未岁，高昌王麴乾固"，这使我们确知延昌是麴乾固的年号。麴乾固为高昌王，史书失载，现在把它增入《麴氏纪年》中，是对高昌国王世系填补了一个重要缺佚。现将《麴氏纪年》《高昌国官制表》和《吐鲁番发现墓砖记》全部编入本书内。这是我编辑和增订的一个大概，其余有些补正就不一一细举了。

第四，发掘时，工作记录及图表，例如《雅尔湖（原作雅尔崖，下同）古坟茔发掘报告》《古冢遗物分茔表》《雅尔湖形势图》，《雅尔湖沟西古坟茔分布图》及沟北、沟西、沟南之各冢墓室工作图，均与墓砖有密切关系。因《专集》出版在前，一切图表尚未编制完成，直至一九三三年《高昌陶集》出版时，方才制定，全部编入。现在除《雅尔湖形势图》及《古坟茔分布图》摘入本集外，其他不一一转载。读者请参考《陶集》可也。

黄文弼
一九五一年十一月二十八日

原　序

　　余于一九三〇年春，在吐鲁番所获墓砖，共计一百二十四方，由其年号与官阶，作《高昌麹氏纪年》，及《高昌官制表》，并叙述发现状况，均载《高昌》第一分本中。今又择原砖之字迹显明者八十四方，付之影印，并注明原砖之尺寸、墨色及出土地，为《高昌》第二分本。盖欲使读者，不惟于古人墓表之方式，可收直觉之效，而对于当时通行之俗字土语，亦可作进一步之研究也。其有砖文虽可识，而影印不显者，则录释其文于下，以作比验。余四十方或因墨底红字，影映不显。或字迹模糊，必用水浸湿方可认识。故皆辑录其文于《专集》之次，再以校记附于后焉。

　　　　　　　　　　　　　　　一九三一年五月十八日，黄文弼识

目　录

高昌砖集

一、吐鲁番发现墓砖记
（摘自一九三一年《高昌》第一分本）

吐鲁番在天山南路，西北距迪化六日程。城西二十里为雅尔湖，又名为雅尔果尔。旁有甚深之崖岸，崖东有一平原，泉水涌出，居民散布其上，或居崖下沟中，为吐鲁番富庶村庄之一。

在村庄之西，有古城遗址，颓垣满野，作椭圆形，位于两道甚深之河床中间，隆起平原，遗址即满布于平原上。本地居民称此城为雅尔和图，此二河床在古时本为两河，环流城之两旁，至城之南端而合，故古名此河为交河，此城为交河城。现分四沟，头、二道沟，发源于约干特勒克达克，西南流四十里，经行戈壁，分为二道：一南流为头道沟，一西南流为二道沟，约三十里，至古城之东北隅而合，流于城东。三道沟起自戈壁，南流十余里，绕于城西，至城之南端而与二道沟合。四道沟亦出自戈壁，绕古坟群西，沿土子诺克达格东麓南流至雅尔沟口，而与三道沟合流出口。现均为泉水。出古城北五六里地，而天山之雪水久已不至也。然据《刘土恭墓志铭》云："东则洋洋之水，南及香香遐岸。"是古时河水甚大，后渐干渴，空存河床，近因泉水涌出，遂恢复古之河流。然当古时水流于甚深之河床围绕故城时，而城上居民吸引之方法如何？当为吾人有趣之研究也。吐鲁番有二大故城：一在吐鲁番之东南五十里阿斯塔拉，为高昌国都城故址。汉时名高昌壁，为戊己校尉所治。一在吐鲁番城西二十里雅尔湖，为汉车师前王庭所治。晋成帝时前凉张骏置交河郡，高昌国因之，唐灭高昌，置西州，始改为交河县。《旧唐书》云："王都高昌，其交河城汉前王庭也。"《元和郡县志》亦云："交河东南至州八十里，汉车师前王庭，河出县北天山，分流城下。"所云州，即西州，为高昌国故都。现据余所发现墓砖，在雅尔湖坟群所发现者书交河，在阿斯塔拉所发现者则书高昌，可证此二城，自古为高昌及交河二城，至唐犹相沿未改。至唐之末业，回鹘占领西州，其名称稍异，然畏兀儿仍受辽封，治交河。余尝于高昌、交河故城中掘拾有旧畏兀儿文残纸，皆足为交河古城至元时尚有居民之证也。至元末分设柳城、火州、吐鲁番三部万户府达鲁花赤，而交河、高昌二城遂废。今已禾麦离离，颓垣满野，非复当日人文之盛矣。

余于一九二八年二月间，由吐鲁番至库车，虽一度访雅尔湖、阿斯塔拉二故址，然未及详细工作。一九三〇年春，复由迪化南行，补充前年工作之未备。于二月二十四日即抵雅尔湖，次日即开始工作故城，由其填密纤维之颓垣中，在其不同一建筑及发现品，寻出历代居人之地段，即其中部建筑较早，或为北魏至唐之遗址，其北段疑为畏兀儿人所居，因发现有畏兀儿文字，其建筑亦较近也。本地居民告余云："城之南端有礼拜寺，为伊犁河人所居。"其言虽未可遽信，然审其建筑，当亦不甚远也。

余在北段即畏兀儿人之遗址中工作三日，乃转觅其城中之死者居室，初在其城北即干沟之北古坟区工作，我称为沟北区。此地有沙梁一道，隆起于戈壁中，沿沙梁两旁均有井穴及其死者之遗骨与殉葬品在焉。井口宽约三尺四寸，长约八尺五寸，小者宽约二尺八寸，长为六尺七寸，深亦三尺许，死者尸骨在焉。又尝于穴旁凿一副穴，位置死人。殉葬之物品亦罗列其中，或在头部与足部旁。其物品以陶器为最多，红色泥有柄，若今之把杯，又有红底黑花之陶器，类今甘肃辛店出土之物，疑均为二千年前之故物。犹使余最感兴趣者，即在一坟中，有骨制签四枚，陈于人身两旁，系剖一骨为两半者，阴面并刻划四方花纹，岂古时以此卜吉凶欤？又一家中有骨矢镞一枚，其形尖锐，以木质为杆，皆足表示其经过悠久之历史者。

余在此略掘十余家后，又发掘沟西之大坟区，我称为沟西区。地在四道沟与三道沟之中间，显露一大平原，宽二里许，长六七里。弥望平野，古家垒垒，隆起高阜，或方或圆，表面满布石块，宽广约十三尺，高亦三尺六七，家前有石块排立成一线为墓道之表示，而其石线之方向，亦即墓门之方向也。尤其使余感兴趣者，即每聚若干家为一族，外以石线栏之，前开一门，门线长十余尺，表示其为一族一姓之冥居，非他人所能掺入者。而余在此石线栏中，由其界划之清楚，使余工作亦得按其族姓施行发掘之程序，登录亦极加以慎重与严密，深恐有违死者之意而使其疆界稍有紊乱也。当余发掘之初，初用二十人，分为四组，每组五人，工作一家，以一人为组长，作监察工作，又以二人为掘手，轮流下坑，探取古物，每组每日可得两家，后加至三十人分五组，故日可得十家。自三月一日起工，至十七日止工，中间休息两日，整半月，而余之三十五箱古物，即墓砖一百二十余方，陶器八百余件，皆此十余日中之收获也。至墓室内容，更有趣味，每墓室之前，有一长廊墓道，宽约三尺，长约十八尺，由浅及深，至距地平面约十二尺时，即现墓门，门高约三尺，宽约二尺许，自墓门入，即现宽敞之墓室，宽者约九尺建方，小者亦七尺许，高亦三尺又半。砌土为塌，高尺余，铺以芦席，死者横卧席上，外有木板栏之，无棺椁。陶器即陈于死者头旁，重叠堆聚，大小至数十件。盖余所掘古家中，均有陶器，置头部或足部旁，或骈陈身之右侧，形成一线，为两死者之间隔，多少大小不一，要皆当时死者日用器物，死后即以此为殉。墓砖则砌入墓道墙壁中，字面向里，砖皆作方形，泥质，经火烧炼而成者。宽约一尺一寸至三寸建方。表面光平。每砖上或用朱写，或用墨写，或刻字填朱，书写死者埋葬年月日及生时官职，其字迹至现在颜色尚如新书也。又在墓内之墓砖多少，恒视墓中死者之数为差，然至多不过三方，盖一夫一妻或一夫一妻一妾也。犹其使吾人于研究方面发生良好之兴趣者，即每冢中之陶器，皆与墓砖同穴并出。由于墓砖上之年代及死者姓名，而陶器之时代与主人，亦可得互相证明也。

但有一事，而为吾人所注意者，即此若干墓室，何以保存至千余年之久，毫不崩圮，使可宝贵殉葬物品，安然无恙，不受若何之损失？欲答此问题，则当论及此一带之土质，普通沙土固易崩圮，即黑泥土或黄土，若经风水刷洗，亦易使空穴倾塌；此地之土质则不然，皆为有黏性之白土，坚硬若石。吾人工作古冢时，若不得其墓道，随意发掘，虽终日不能进一寸。故余甚佩当时凿墓人之勤劳坚苦也。

附图 1.《吐鲁番雅尔湖形势图》(摘自《高昌陶集》)
　　　2.《雅尔湖沟西古坟茔分布图》(摘自《高昌陶集》)

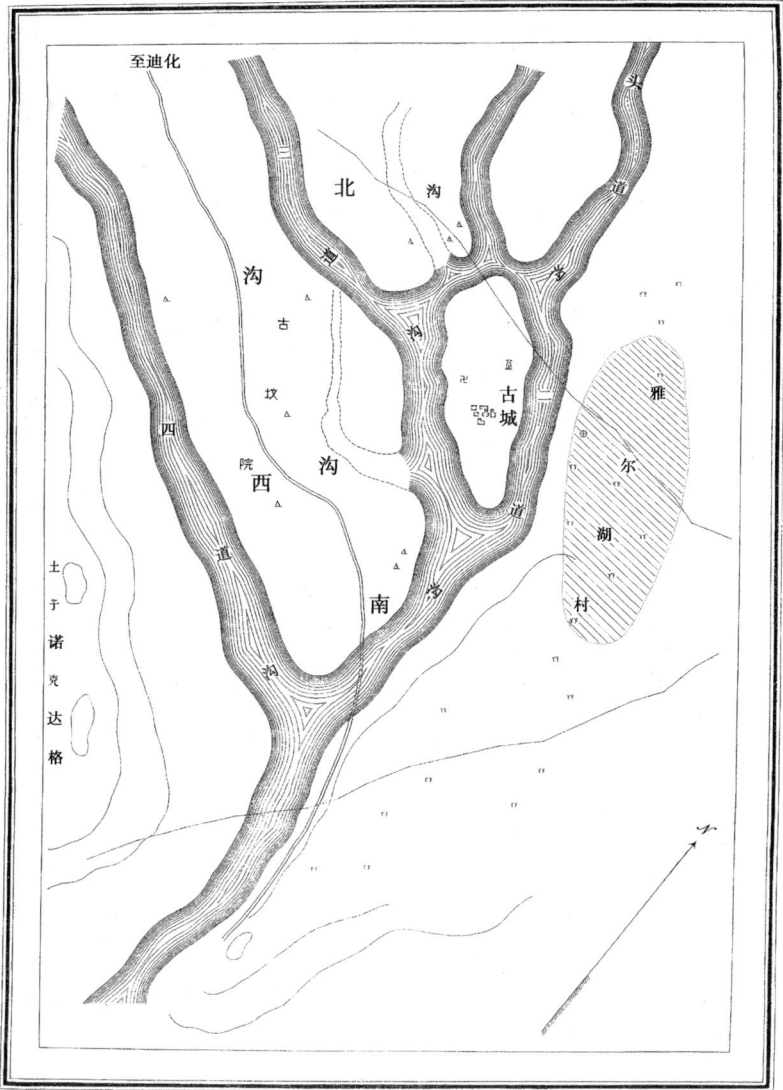

附第一图　吐鲁番雅尔湖形势图
（摘自《高昌陶集》插第二图）

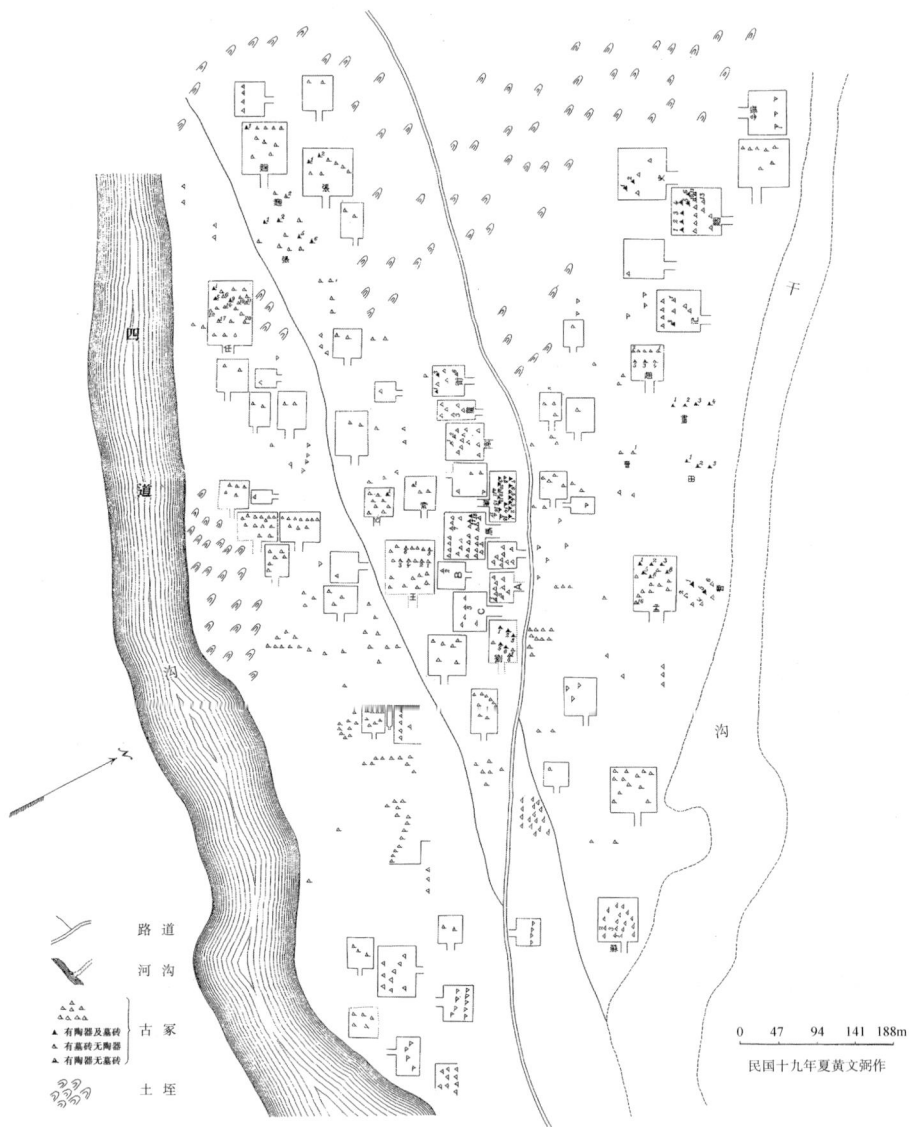

路 道　道路

河 沟　沟河

古 冢　▲有陶器及墓砖
　　　　▲有墓砖无陶器
　　　　▲有陶器无墓砖

土 垒

0　　47　　94　　141　188m

民国十九年夏黄文弼作

附第二图　雅尔湖沟西古坟分布图
（摘自《高昌陶集》插第四图）

二、高昌国麴氏纪年

（摘自一九三一年《高昌》第一分本）

魏景明元年　庚辰（公元五〇〇）

高昌人杀其王马儒，推其长史麴嘉为王。（《资治通鉴》）嘉，字灵凤，金城、榆中人。（《魏书·高昌传》《北史》《周书》同）

按嘉立之年月，诸史记载互异，《周书·高昌传》作太和末，《北史》《魏书》均叙于太和二十一年马儒表请内徙之后，《通鉴》定为二十一年，罗振玉《麴氏年表》亦从其说。按二十一年为马儒表请内徙之年，史传虽未明言何月，然据《魏书·孝文纪》："太和二十一年十有二月己卯，高昌国遣使朝贡。"则表求内徙必在是时。以后魏遣韩安保迎儒，儒遣巩顾礼迎安保，均往返二次，决非一月所能毕事，故余疑魏遣安保初次当在太和二十一年。及第二次儒遣顾礼迎安保，高昌遂内乱杀儒立嘉，必在太和二十二年以后也。故从《周书》嘉立于太和二十三年，而以明年即魏景明元年为麴氏纪元也。

魏景明二年　辛巳（公元五〇一）

嘉既立，又称臣于蠕蠕那盖。(《魏书·高昌传》)

按《北史·蠕蠕传》："魏太和十六年魏攻蠕蠕豆仑，为阿伏至罗所败，国人乃杀豆仑而立那盖，号候其伏代库者可汗。"至魏正始三年那盖死，子伏图立。是时蠕蠕已强大，密迩高昌，故高昌为其属国。

魏景明三年　壬午（公元五〇二）

魏景明四年　癸未（公元五〇三）

魏正始元年　甲申（公元五〇四）

魏正始二年　乙酉（公元五〇五）

魏正始三年　丙戌（公元五〇六）

魏正始四年　丁亥（公元五〇七）

魏永平元年　戊子（公元五〇八）

嘉遣兄子私署左卫将军田地太守孝亮奉表来朝，因求内徙，乞师迎接。(《魏书·宣武纪》)

魏遣龙骧将军孟威发凉州兵三千人迎之至伊吾，失期而返。(《魏书·高昌传》)

按北史及《魏书·高昌传》并系此事于熙平元年，然下文又有"世宗遣孟威使诏劳之"之语，世宗建元永平，为宣武年号，若熙平则为明帝年号，今从《魏书·宣武纪》。

又按《魏书·高车传》云："高车贡方物，世祖诏之曰：蠕蠕、嚈哒、吐谷浑所以交通者，皆路由高昌，犄角相接。今高昌内附，遣使迎引，蠕蠕往来路绝，奸势不得，妄令群小敢有陵犯拥塞王人，罪在不赦。"又云："高昌王麹嘉表求内徙，世宗遣孟威迎至伊吾，蠕蠕见威军怖而遁走，弥俄突闻其离骇，追击大破之，杀伏图于蒲类海北，割其发送于孟威。"以与高昌史事有关，今一并录之。

《魏书·高昌传》云："蠕蠕主伏图为高车所杀，麹嘉又臣高车。"

又云："初前部胡人悉为高车所徙，入于焉耆，焉耆又为嚈哒所破灭，国人分散，众不自立，请王于嘉。嘉遣第二子为焉耆王以主之。"按嘉子王焉耆，史传未记其年代，而叙于嘉臣高车之后，故亦并录于此。

魏永平二年　己丑（公元五〇九）

正月、六月、八月，嘉并遣使朝献。（《魏书·宣武纪》）

魏永平三年　庚寅（公元五一〇）

二月丙午，嘉遣使朝献。世宗遣孟威使诏劳之。（《魏书·宣武纪》《高昌传》，《北史·高昌传》）

魏永平四年　辛卯（公元五一一）
魏延昌元年　壬辰（公元五一二）

十月遣使朝献。（《魏书·宣武纪》）

魏延昌二年　癸巳（公元五一三）

三月丙寅，遣使朝献。（《魏书·孝明纪》）

魏以嘉为持节平西将军、瓜州刺史、泰临县开国伯，私署王如故。（《魏书》及《北史·高昌传》）

按《魏书》《北史》叙此事于延昌中，不言何年。《麴氏年表》附之于此，今从之。又《南史》及《梁书·高昌传》："作魏授嘉车骑将军、司空公、都督秦州诸军事、秦州刺史、金城郡开国公。"与此有异。

　　魏延昌三年　甲午（公元五一四）
　　魏延昌四年　乙未（公元五一五）

　　九月庚申，遣使朝献。(《魏书·孝明纪》)

　　魏熙平元年　丙申（公元五一六）

　　四月戊戌、七月乙酉，并遣使朝献。(《魏书·孝明纪》)
　　按《魏书·高昌传》："熙平初，遣使朝献。诏曰：卿地隔关山，境接荒漠，频请朝援，徙国内迁。虽来诚可嘉，于理未帖，何者？彼之甿庶，是汉、魏遗黎，自晋氏不纲，因难播越，成家立国，世积已久，恶徙重迁，人怀恋旧；今若动之，恐异同之变爰在肘腋，不得便如来表。"

　　魏熙平二年　丁酉（公元五一七）
　　魏神龟元年　戊戌（公元五一八）

　　五月遣使朝贡。(《魏书·孝明纪》)冬，孝亮复表求援内徙，朝廷不许。(《魏书》《北史·高昌传》)
　　按《魏书·高昌传》："称永平元年，遣孟威迎嘉不至，以后十余遣使献珠、象、白、黑貂裘、名马、盐枕等款诚备至，惟赐优旨，卒不重迎。"按自永平元年至神龟元年朝贡于魏者得十次，是《魏史》尚有缺遗。

　　魏神龟二年　己亥（公元五一九）
　　魏正光元年　庚子（公元五二○）

魏遣假员外将军赵义等使于嘉。(《魏书》《北史·高昌传》)

按麴表系嘉死是年，然赵义使嘉之后嘉尚朝贡不绝，例如正光二年连朝贡二次，可知是时嘉尚生存。

魏正光二年　辛丑（公元五二一）

六月己巳、十一月乙未，并遣使朝贡。(《魏书·孝明纪》) 表求五经诸史，请国子助教刘燮为博士。(《魏书》《北史·高昌传》)

按麴嘉表求五经年代，虽史无明文，然叙于赵义使嘉之后，故必与嘉遣使朝贡同一时期。因系于此。又《周书·高昌传》云："高昌文字一同华夏，兼用胡书。有《毛诗》《论语》《孝经》，置学官弟子以相教授，虽习读之，而皆为胡语。"由此可知高昌国统治者虽为华族，而被治者不必皆为华人，本地民族亦占多数。故高昌兼用本地语言文字者因此也。

魏正光三年　壬寅（公元五二二）
魏正光四年　癸卯（公元五二三）

嘉死，魏赠镇西将军、凉州刺史。(《魏书》《北史·高昌传》) 国谥曰昭武王。(《南史·高昌传》《梁书》同，无国字)

按诸史于嘉表求五经之后，书嘉死，均不著死之年月。《梁书》及《南史·高昌传》："谓嘉在位二十四年。"由魏景明元年至正光四年，适为此数。《罗氏年表》系于孝昌三年，与《南史》所载不合，今从《南史》。

又按《北史》《隋书·高昌传》均云："嘉死，子坚立，坚死，子伯雅立。"然今已实证得坚死之后，尚有玄喜、宝茂、乾固诸代，故坚死子伯雅立之说完全不可信，由是则嘉死子坚立之说，亦尚难遂信也。

魏正光五年　甲辰（公元五二四）

魏孝昌元年　乙巳（公元五二五）

魏孝昌二年　丙午（公元五二六）

魏孝昌三年　丁未（公元五二七）

魏建义、永安元年　戊申（公元五二八）

六月癸卯，魏以高昌王世子光为平西将军、瓜州刺史、袭爵泰临县开国伯、高昌王。（《魏书·孝庄纪》）

按光为高昌王，他史不载。其建元为何，亦莫由得知。如嘉死于正光四年，下距普泰元年相差七年，中间应有一代，故余疑光立于正光五年，至永安元年乃加封号也。确否？待将来之发现。

魏永安二年　己酉（公元五二九）

魏建明元年　庚戌（公元五三〇）

章和元年　魏普泰元年　辛亥（公元五三一）

是年光死，子坚嗣。建元章和。（以下首署高昌年号）

坚遣使朝贡。除平西将军、瓜州刺史、泰临县伯，王如故，又加卫将军。（《魏书》及《北史·高昌传》）

按余所得墓表，有章和七年、十六年、十八年三方。今以长术推其干支，则魏普泰元年，正高昌王麴坚改元章和之年也。今据补。

又按《梁书·高昌传》："作使持节骠骑大将军、散骑常侍、都督瓜州诸军事、瓜州刺史、河西郡开国公、仪同三司、高昌王。"《南史》同。惟"河西郡开国公、仪同三司"作"西平郡公、开府、仪同三司"。

章和二年　魏太昌、永熙元年　壬子（公元五三二）

九月丙辰，遣使朝贡。（《魏书·出帝纪》）

章和三年　魏永熙二年　癸丑（公元五三三）

十月癸未，魏以卫将军、瓜州刺史、泰临县开国伯，高昌王麹子坚为仪同三司、进爵郡王。（《魏书·出帝纪》《北史》及《魏书·高昌传》同。惟郡王作郡公）

按《魏书·高昌传》云："后以关中贼乱，使命遂绝。"

章和四年　魏永熙三年　甲寅（公元五三四）
章和五年　西魏大统元年　乙卯（公元五三五）
章和六年　西魏大统二年　丙辰（公元五三六）
章和七年　西魏大统三年　丁巳（公元五三七）
章和八年　西魏大统四年　戊午（公元五三八）
章和九年　西魏大统五年　己未（公元五三九）
章和十年　西魏大统六年　庚申（公元五四〇）
章和十一年　西魏大统七年　辛酉（公元五四一）
章和十二年　西魏大统八年　壬戌（公元五四二）
章和十三年　西魏大统九年　癸亥（公元五四三）
章和十四年　西魏大统十年　甲子（西纪五四四）
章和十五年　西魏大统十一年　乙丑（公元五四五）

子坚遣使献鸣盐枕、蒲桃、良马、氍㲪于梁。（《梁书》及《南史·高昌传》。又《梁书》㲪作毹）

按两传均言大同中，不明署何年，《麹氏年表》附于梁大同十一年，今从之。

又按《魏书·高昌传》："高昌出赤盐，其味甚美，复有白盐，其形如玉，高昌人取以为枕，贡之中国。多葡萄酒。"

章昌十六年　西魏大统十二年　丙寅（公元五四六）
章昌十七年　西魏大统十三年　丁卯（公元五四七）
章昌十八年　西魏大统十四年　戊辰（公元五四八）

魏以高昌王世子玄喜为王。（《周书·高昌传》）

按麹坚疑于是年死，玄喜嗣立，明年改为永平元年。《北史》玄喜作玄嘉。

永平元年　西魏大统十五年　己巳（公元五四九）

按诸史无永平，今据《田元初墓表》补。

永平二年　西魏大统十六年　庚午（公元五五〇）
和平元年　西魏大统十七年　辛未（公元五五一）

按和平不知为何人纪元，据《麹斌造寺碑》云："照武已下五王之灵。"按照武为麹嘉谥号，合嘉、光、坚、玄喜只四王，中阙一王，或即改元和平者，著之俟考。

又按诸史无和平，今据《氾绍和及妻张氏墓表》《孟宣宗墓表》补。

和平二年　西魏废帝元年　壬申（公元五五二）

突厥侵高昌北边。高昌与突厥结盟。

按《通鉴》："是年突厥土门袭柔然大破之，阿那环自杀，土门始称可汗。"又据《麴斌造寺碑》云："突厥雄强，威振朔□□□练卒。侵我北鄙。"又云："乃欲与之交好，永固邦疆……厥主钦其英规，土众畏其雄略，遂同盟结。"按突厥侵高昌之年代虽不可知，然必与击柔然同时，柔然既破，而高昌自危，故遂与交好，而附属于突厥。又按《造寺碑》立于建昌元年，高昌王麴宝茂结衔中已署突厥官号，则高昌与突厥结盟当在建昌以前也，故次于此。又罗振玉《麴氏年表》称："《麴斌造寺碑》突厥侵北鄙，命斌往与订盟结婚而返。"余初作《纪年》亦从之。今复查《麴斌造寺碑》旧拓本"结"下字虽模糊，然字迹不类婚字，"遂同盟结"，句意已完，他处亦无婚姻字样，故今重删订。

和平三年　西魏废帝二年　癸酉（公元五五三）

按《麴斌造寺碑》云："麴斌以功进爵□迁振武将军。"疑当在是年。

和平四年　西魏恭帝元年　甲戌（公元五五四）
建昌元年　西魏恭帝二年　乙亥（公元五五五）

魏诏以田地公茂嗣位。（《北史》及《周书·高昌传》）
是年改元建昌。
按《麴斌造寺碑》碑阴首署："□□元年乙亥岁，十二月廿三日。"又题名有："使持节骠骑大将军、开府仪同□司、都督瓜州诸军事、侍中、瓜州刺史、西平郡开国公、甬董时多浮跌无亥希利发、高昌王麴宝茂。"又据《赵荣宗妻韩氏墓表》："建昌元年乙亥"则建昌为麴宝茂建元无疑也。至开国公以上官职，当为西魏所封赐，史失记载耳。至"希利发"以上所记名号乃突厥官职，时高昌既朝贡于魏，又通好于突厥，故署两国官职也。是年突厥灭蠕蠕，取邓叔子及其从者三千人皆杀之。

建昌二年　西魏恭帝三年　丙子（公元五五六）

是年，魏禅位于宇文觉，改国号曰周。（《通鉴》）

建昌三年　周明帝元年　丁丑（公元五五七）
建昌四年　周明帝二年　戊寅（公元五五八）
建昌五年　周武成元年　己卯（公元五五九）

闰月庚申，遣使献方物。（《周书·明帝纪》）

建昌六年　周武成二年　庚辰（公元五六〇）

按余所得墓表，有建昌元年、二年、四年、五年，以其干支推至延昌元年辛巳，当有六年，故补之俟考。

延昌元年　周保定元年　辛巳（公元五六一）

正月癸酉遣使献方物。（《周书·武帝纪》）

是年麴乾固嗣位，改元延昌。

按延昌为何人改元史无明文，余初作《麴氏纪年》时尚付阙如。近由法人马伯乐清理斯坦因在吐鲁番劫获高昌国时代残纸中，有云："延昌卅九年己未岁、五月廿三日，使持节大将军、大都督瓜州诸军事、瓜州刺使、西平郡开国公；希近时多浮跋弥磑伊离地坉芦悌陁豆阿跋□（浮）亥希利发高昌王麴乾（原释作韩）固、□首归命、常住三宝，……七祖□（光）灵，内外眷属。……"（参考《文物参考资料》第二卷第五期二一一页）据此，是延昌为麹乾固年号。又据《麹斌造寺碑》碑阴题名，有令尹麹乾固。是时高昌王为麹宝茂改元建昌，以《长历》推其干支，延昌元年，紧接建昌六年，则麹乾固以令尹嗣宝茂为王，为极合理之承继也。今据补入。又残纸文中，有"七祖光灵"之语，按据《麹斌造寺碑》"昭武以下五王之灵"，是自麹嘉至宝茂为六代、乾固为七代，残纸所记与碑文相合。以世次推之：麹嘉为一世、光为二世、坚为三世、玄喜为四世，改元和平者为五世、宝茂为六世、乾固为七世，中间仅缺改元和平一代，将来俟有发现，再据补入。

延昌二年　周保定二年　壬午（公元五六二）

延昌三年　周保定三年　癸未（公元五六三）

延昌四年　周保定四年　甲申（公元五六四）

延昌五年　周保定五年　乙酉（公元五六五）

延昌六年　周天和元年　丙戌（公元五六六）

延昌七年　周天和二年　丁亥（公元五六七）

延昌八年　周天和三年　戊子（公元五六八）

延昌九年　周天和四年　己丑（公元五六九）

延昌十年　周天和五年　庚寅（公元五七〇）

延昌十一年　周天六元年　辛卯（公元五七一）

延昌十二年　周建德元年　壬辰（公元五七二）

延昌十三年　周建德二年　癸巳（公元五七三）

延昌十四年　周建德三年　甲午（公元五七四）

延昌十五年　周建德四年　乙未（公元五七五）

延昌十六年　周建德五年　丙申（公元五七六）

延昌十七年　周建德六年　丁酉（公元五七七）

延昌十八年　周宣政元年　戊戌（公元五七八）

延昌十九年　周大成、大象元年　己亥（公元五七九）

延昌二十年　周大象二年　庚子（公元五八〇）

延昌二十一年　隋开皇元年　辛丑（公元五八一）

延昌二十二年　隋开皇二年　壬寅（公元五八二）

延昌二十三年　隋开皇三年　癸卯（公元五八三）

延昌二十四年　隋开皇四年　甲辰（公元五八四）

延昌二十五年　隋开皇五年　乙巳（公元五八五）

延昌二十六年　隋开皇六年　丙午（公元五八六）

延昌二十七年　隋开皇七年　丁未（公元五八七）

延昌二十八年　隋开皇八年　戊申（公元五八八）

延昌二十九年　隋开皇九年　己酉（公元五八九）

延昌三十年　隋开皇十年　庚戌（公元五九〇）

《北史·高昌传》称："是年突厥破其四城，有二千人来归中国。"

按隋开皇十年正麹乾固延昌三十年，时高昌已附属突厥，当无突厥来侵之事。《高昌传》下文紧接"坚死子伯雅立"之语，由今地下发现，坚死后，又历四世，方及伯雅。故知"坚死子伯雅立"之说不可据；因而开皇十年突厥来侵之说，亦不可遽信。故余疑突厥侵高昌，破其四城，必在建昌以前，或与突厥侵北边同属一事，而中国史书错记年代耳。

延昌三十一年　隋开皇十一年　辛亥（公元五九一）

延昌三十二年　隋开皇十二年　壬子（公元五九二）

延昌三十三年　隋开皇十三年　癸丑（公元五九三）

延昌三十四年　隋开皇十四年　甲寅（公元五九四）

延昌三十五年　隋开皇十五年　乙卯（公元五九五）

延昌三十六年　隋开皇十六年　丙辰（公元五九六）

延昌三十七年　隋开皇十七年　丁巳（公元五九七）

延昌三十八年　隋开皇十八年　戊午（公元五九八）

延昌三十九年　隋开皇十九年　己未（公元五九九）

延昌四十年　隋开皇二十年　庚申（公元六〇〇）

延昌四十一年　隋仁寿元年　辛酉（公元六〇一）

按《北史·高昌传》称："伯雅大母，本突厥可汗女，其父死，突厥令依其俗，伯雅不从者久之，突厥逼之，不得已而从。"按据《隋书·突厥传》："其俗人死，停尸帐中，家人亲属多杀牛马而祭之，绕帐号呼，以刀划面，血泪交下，七度而止。于是择日置尸马上而焚之，取灰而葬。表木为茔，立屋其中，图画死者形仪及其生时所经战阵之状，尝杀一人则立一石，有至千百者。父兄死，子弟妻其群母及嫂。"按高昌自魏废帝元年附属突厥，至麹宝茂受突厥官职以后，一切风俗均依突厥。此疑因伯雅之父死，而突厥令伯雅复妻其群母也。

延和元年　隋仁寿二年　壬戌（公元六〇二）

是年，麹伯雅嗣位，改元延和。

按诸史均不记伯雅嗣位之年，今以延和二年癸亥《唐元护妻令狐氏墓表》推之，适当仁寿三年，则仁寿二年壬戌，即伯雅嗣位改元延和之年无疑也。

延和二年　隋仁寿三年　癸亥（公元六〇三）

延和三年　隋仁寿四年　甲子（公元六〇四）

延和四年　隋大业元年　乙丑（公元六〇五）

延和五年　隋大业二年　丙寅（公元六〇六）

延和六年　隋大业三年　丁卯（公元六〇七）

六月己亥，遣使贡方物。（《隋书·炀帝纪》）

延和七年　隋大业四年　戊辰（公元六〇八）

伯雅遣使朝贡，炀帝待其使者甚厚。（《隋书·高昌传》）

延和八年　隋大业五年　己巳（公元六〇九）

四月壬寅，遣使来朝。六月壬子，伯雅来朝景辰，宴之于观风行殿，盛陈文物，奏九部乐，设鱼龙曼延以宠异之，陪列者三十余国。（《隋书·炀帝纪》）拜伯雅为左光禄大夫、车师太守，封弁国公。（《旧唐书·高昌传》）

延和九年　隋大业六年　庚午（公元六一〇）
延和十年　隋大业七年　辛未（公元六一一）
延和十一年　隋大业八年　壬申（公元六一二）

伯雅从击高丽（《北史》及《隋书·高昌传》）十一月己卯，尚宗女华容公主。冬，归潘。（《北史》及《隋书·高昌传》）
按《旧唐书·高昌传》宗女作戚属宇文氏女，《新唐书》及《唐会要》同。《元和志》作炀帝以宇文氏女玉波为华容公主妻之。

延和十二年　隋大业九年　癸酉（公元六一三）

令国中解辫发。
按《隋书·高昌传》云："伯雅下令国中曰：先者以国处边荒，境连猛狄。同人无咎，被发左衽。今大隋统御宇宙，平一普天，孤既沐浴和风，庶均大化，其庶人以上，皆宜改辫削衽。炀帝闻而善之。"又云："伯雅先臣铁勒，而铁勒恒遣重臣在高昌国，有商胡往来者则税之送于铁勒，虽有此令取悦中华，然竟畏铁勒，不敢改也。"按伯雅臣铁勒乃隋大业初年事。《北史·突厥传》云："大业初（《隋书·铁勒传》作大业元年），处罗可汗抚御无道，其国多叛，与铁勒屡相攻，大为铁勒所败。"《隋书·铁勒传》云："处罗可汗既败，莫何可汗始大，莫何勇毅绝伦，甚得众心。为邻国所惮，伊吾、高昌、焉耆诸国悉附之。"则高昌之臣铁勒，必在是时也。

　　义和元年　隋大业十年　甲戌（公元六一四）

　　按义和年号，诸史不载。罗氏《麹氏年表》，仍列延和。今据义和二年乙亥《唐幼谦妻麹氏墓表》、义和三年丙子《赵僧胤墓表》、义和四年丁丑《唐舒墓表》推算，知义和元年为甲戌，接延和十二年癸酉；又据墓表为旧砖书延昌，涂改书义和，则又知义和在延昌之后也。

　　义和二年　隋大业十一年　乙亥（公元六一五）
　　义和三年　隋大业十二年　丙子（公元六一六）
　　义和四年　隋义宁元年　丁丑（公元六一七）
　　义和五年　唐武德元年　戊寅（公元六一八）

　　是年隋禅位于唐，改元为武德。

　　义和六年　唐武德二年　己卯（公元六一九）

　　是年伯雅死，子文泰嗣，遣使来告哀，高祖遣前河州刺史朱惠表往吊之。（《旧唐书·高昌传》）
　　按《旧唐书·高昌传》作武德二年伯雅死；《新唐书》作武德初；《通鉴》作武德六年；今从新、旧《唐书》。

重光元年　唐武德三年　庚辰（公元六二〇）

是年改元重光。

三月癸酉遣使朝贡。（《旧唐书·高祖纪》）

重光二年　唐武德四年　辛巳（公元六二一）
重光三年　唐武德五年　壬午（公元六二二）
重光四年　唐武德六年　癸未（公元六二三）
延寿元年　唐武德七年　甲申（公元六二四）

是年改元延寿。

献狗雄雌各一，高六寸，长尺余，性甚慧，能曳马衔镳，云本出拂菻国。中国有拂菻狗，自此始也。（《旧唐书·高昌传》《唐会要》均作七年；《新唐书》作伯雅立后五年，仍为武德七年也。）

延寿二年　唐武德八年　乙酉（公元六二五）
延寿三年　唐武德九年　丙戌（公元六二六）
延寿四年　唐贞观元年　丁亥（公元六二七）

文泰贡玄狐裘。赐文泰妻宇文氏花钿一具。宇文氏复贡玉盘。西域诸国有所动静，辄以奏闻。（《旧唐书·高昌传》）

延寿五年　唐贞观二年　戊子（公元六二八）
延寿六年　唐贞观三年　己丑（公元六二九）

是年秋，唐僧玄奘西游，道经高昌，为麹文泰讲《仁王般若经》。斯时高昌佛教盛行。（《大唐三藏法师传》）

延寿七年　唐贞观四年　庚寅（公元六三〇）

是年冬，文泰来朝，及将归蕃，赐遗甚厚。其妻宇文氏请预宗亲，诏赐李氏，封常乐公主，下诏慰谕之。（《旧唐书·高昌传》）

延寿八年　唐贞观五年　辛卯（公元六三一）

正月甲戌，宴文泰及群臣。（《通鉴纪事本末》）

延寿九年　唐贞观六年　壬辰（公元六三二）

是年高昌遣兵袭焉耆，大掠而去。（《旧唐书·焉耆传》）

按《旧唐书·焉耆传》又云："隋末碛路闭，西域朝贡者皆由高昌。及是年焉耆王突骑支遣使贡方物，复请开大碛路以便行李，太宗许之。高昌大怒，遂与结怨，攻袭焉耆。"

延寿十年　唐贞观七年　癸巳（公元六三三）
延寿十一年　唐贞观八年　甲午（公元六三四）

遣使朝贡。（《旧唐书·太宗纪》）

延寿十二年　唐贞观九年　乙未（公元六三五）
延寿十三年　唐贞观十年　丙申（公元六三六）
延寿十四年　唐贞观十一年　丁酉（公元六三七）
延寿十五年　唐贞观十二年　戊戌（公元六三八）

高昌与处月、处密攻陷焉耆五城，掠男女一千五百人，焚其庐

舍而去。(《旧唐书·焉耆传》)

按《旧唐书·高昌传》云："又寻与西突厥乙毗设击破焉耆三城，虏其男女而去。焉耆王上表诉之，太宗遣虞部郎中李道裕往问状。"不知与《焉耆传》所述，为一事否。

延寿十六年　唐贞观十三年　己亥（公元六三九）

唐以文泰遏绝西域朝贡；复与西突厥击伊吾，破焉耆，下书切责；征其大臣阿史那矩不至；遣长史麴雍来谢罪。(《通鉴纪事本末》)

复下玺书征文泰入朝，又称疾不至。十二月壬申，遣吏部尚书侯君集等，将兵击之。(同上)

延寿十七年　唐贞观十四年　庚子（公元六四〇）

文泰闻兵临碛口，忧惧发疾卒。子智盛立。君集兵奄至柳谷，进趋田地城，逼其都。智盛出降。君集分兵略地下三郡、五县、二十二城，以其地为西州。寻拜智盛为左武卫将军，封金城郡公。(《两唐书·高昌传》)麴氏有国至智盛，凡九世，一百四十一年而灭。

按两《唐书·高昌传》并作九世一百三十四年，今由景明元年数至贞观十四年，凡得一百四十一年，诸史纪年均有错误。《麴氏年表》据《唐会要》作一百四十四年，今据《周书》"嘉立太和末年"之文改订。至云传国九代，《北史》及《隋书·高昌传》均云："嘉死子坚立；坚死子伯雅立。"伯雅以后，有文泰、智盛计仅得五世；而《魏书·孝庄纪》，有麴光一代；《北史》《周书》又有玄喜、宝茂二代；合共前五代共得八世；今又得改元延昌之麴乾固，适合九世之数。又余所发现之高昌墓表有章和、永平、和平、建昌、延昌、延和、义和、重光、延寿凡九纪元，若每改元为一代，亦当为九代。今以章和为麴子坚年号；永平为玄喜年号；建昌为宝茂年号；延昌为乾固年号；延和为伯雅年号；延寿为文泰年号；共有六世，略可凭信者也。智盛享国不久，恐无年号。《魏书·孝庄纪》于章和前出世子光一代，其建元如何，不得而知。尚有和平、义和二号，又为何人所改，均不可考也。

三、高昌国官制表

（摘自一九三一年《高昌》第一分本）

高昌官制，《北史》及《周书》虽略有纪述，而遗漏甚多。余于一九三〇年春赴吐鲁番即高昌之故址考古，发现墓砖一百二十余方，每方均书有高昌年号，及死者官职。除按其年号作《高昌麹氏纪年》外，复以死者之官职，及参合近出土之碑志，按其升迁以别等级，为《高昌官制表》。表凡三：第一表为高昌内府之官制；第二表为高昌各城之官制；第三表乃叙勋爵及领兵将官。仓卒创编，容有未当，尚希大雅教正。

按《北史》《周书》高昌官制：有令尹一人，比中夏相国；次有公二人，皆王子也。次有左右卫；次有八长史；次有八司马；长史之副也。次有侍郎、校郎、主簿、从事，阶位相次，分掌诸事。次有省事，专掌导引。按令尹与二公及左右卫，虽阶次有别，然不相统属，今并列第一栏。又都绾曹郎中，据《张怀寂墓志》，为左右卫将军兼领，又《造寺碑》阴题名，令尹后有屯田、宿卫二事，亦为将军所兼，今一并列入第一栏。又《北史》《周书》之八长史：有吏部、礼部、户部、《造寺碑》及《墓志》均无此官；而有田部、民部、都官，疑高昌官制，时有增损更革，今从《造寺碑》及《墓表》。又民部，

《周书》作户部；祀部，《北史》《周书》作祠部，疑为名称之异，内容无别，今悉从《造寺碑》。

（一）

令尹 《北史》《周书·高昌传》《麹斌造寺碑》	兵部长史 《北史》《周书·高昌传》《麹斌造寺碑》	兵部司马 《北史》《周书·高昌传》《麹斌造寺碑》《麹弹那及妻张氏墓表》	
交河公 《北史》《周书·高昌传》	库部长史 《北史》《周书·高昌传》《麹斌造寺碑》	库部司马 《北史》《周书·高昌传》《麹斌造寺碑》	
田地公 《北史》《周书·高昌传》	民部长史 《麹斌造寺碑》	民部司马 《麹斌造寺碑》	
左卫大将军 《北史》《周书·高昌传》《张怀寂墓志》	仓部长史 《北史》《周书·高昌传》《麹斌造寺碑》《麹斌祭墓表》	仓部司马 《北史》《周书·高昌传》《麹斌造寺碑》《麹怀祭妻王氏墓表》	
右卫将军 《北史》《周书·高昌传》《张怀寂墓志》	田部长史 《麹斌造寺碑》	田部司马 《麹庆瑜墓表》	田部主簿 《画承墓表》
都绾曹郎中 《麹斌造寺碑》《张怀寂墓志》	祀部长史 《麹斌造寺碑》	祀部司马 《麹斌造寺碑》	门下校郎
屯田	主客长史 《北史》《周书·高昌传》《麹斌造寺碑》	主客司马 《北史》《周书·高昌传》《麹斌造寺碑》	通事舍人 并《麹斌造寺碑》
宿卫 并《麹斌造寺碑》	都官长史 《麹斌造寺碑》	都官司马 《麹斌造寺碑》	

按《周书·高昌传》云："每城遣司马侍郎相监检校名为城令（按《北史·高昌传》作令）。"是曹官之上，尚有城令。又《张怀寂墓志》云："转伊州录事参军，纠刻六曹，刚柔相济。"故疑各城曹官有六。《北史》及《周书》只举三曹：为户曹、水曹、田曹；今各墓表无水曹，而有兵曹、客曹、贼曹、杂曹、合户曹、田曹适为六曹，兹据

改补。又据墓表除各曹官之外，尚有录事、记室、内行、中兵、咨议、各参军、带阁主簿、内主簿、功曹吏，均为各史及碑志所无，亦据补入。又录事参军一系，虽与六曹参军非一系统，然其官阶疑相等，应与之同为一栏。今为列表方便，提上二栏而以曲线隔之。

（二）

城令 《周书·高昌传》《麹斌造寺碑》	客曹司马 《麹怀祭墓表》	客曹参军 《张保守墓表》 《任叔达妻袁氏墓表》 《索演孙墓表》 《王举奴墓表》 《任□□墓表》 《麹斌造寺碑》	客曹主簿 《张神忠墓表》 《□□墓表》
	户曹司马 《张阿□墓表》 《巩氏妻杨氏墓表》	户曹参军 《画承墓表》 《曹孟祐墓表》 《令孤天恩墓表》 《苏玄胜妻贾氏墓表》 《索氏夫人墓表》 《唐舒墓表》	户曹主簿 《毛弘弨墓表》
	兵曹司马 《麹那妻阿度墓表》	兵曹参军 《田元初墓表》 《田绍贤墓表》 《索守猪妻贾氏墓表》 《麹显穆墓表》 《曹智茂墓表》 《任氏墓表》 《麹孝嵩墓表》	兵曹主簿 《索守猪墓表》 《麹斌造寺碑》
	田曹司马 《史祐孝墓表》 《麹弹那及张氏墓表》	田曹参军 《画神邑妻周氏墓表》 《任显文墓表》 《赵充贤墓表》 《唐阿朋墓表》 《麹斌造寺碑》 贼曹参军 《任显文墓表》	田曹主簿 《贾羊皮墓表》 《苏□相墓表》 《麹斌造寺碑》

		杂曹参军《苏□相墓表》	
录事参军 《张归宗妻索氏墓表》 《任叔达墓表》 《任氏墓表》 《孟子墓表》 记室参军 《张氏墓表》 内行参军 《赵荣宗墓表》 按《氾崇庆墓表》作内直参军 中兵参军 《麴怀祭墓表》 咨议参军 《王元祉墓表》	带阁主簿 《麴庆瑜墓表》 《麴弹那及妻张氏墓表》 《史伯悦墓表》 内主簿 《刘氏墓表》 按《氾崇庆墓表》作内直主簿	功曹史 《麴庆瑜墓表》 《孟宜宗墓表》 《史祐孝墓表》 《张买得墓表》 《麴友谦墓表》 《张氏墓表》	省事 《麴庆瑜墓表》 《孟宜宗墓表》 《史祐孝墓表》 《张氏墓表》

按《北史》《周书·高昌传》，八部长史之次，有五将军：曰建武、威远、陵江、殿中、伏波；今据碑志，除建武、威远、殿中三将军，与史同外，尚有冠军、奋威、广威、虎威、宁朔、振武、建

（三）

| 冠军将军
《麴斌造寺碑》 | 殿中中郎将
《马阿卷墓表》
《麴孝嵩墓表》
《画承墓表》
《氾灵岳墓表》 | 宣威将军
《马阿卷墓表》
《氾灵岳墓表》 | 虎牙将军
《马阿卷墓表》
《氾灵岳墓表》
《氾绍和及妻张氏墓表》
《索显忠妻曹氏墓表》
《王理和妻董氏墓表》
《张氏墓表》
《刘氏墓表》
《索显忠墓表》
《任法悦墓表》
《麴斌造寺碑》 |

奋威将军 《麴斌造寺碑》 广威将军 《麴斌造寺碑》 建武将军 《麴斌造寺碑》 虎威将军 《麴斌造寺碑》 威远将军 《麴斌造寺碑》 宁朔将军 《麴斌造寺碑》 振武将军 《麴斌造寺碑》 建义将军 《张怀寂墓志》 殿中将军 《麴孝嵩墓表》	三门子弟将 《画承墓表》 《唐忠贤墓表》 三门散望将 《氾灵兵墓表》 府门散望将 《唐耀谦墓表》 《麴延昭墓表》 散望将 《氾灵岳墓表》 《张阿□墓表》 《张买得墓表》 《卫孝恭墓表》	明威将军 《马阿卷墓表》 《张氏墓表》 《任法悦墓表》 《马氏墓表》 《徐宁周妻墓表》	内幹将 《氾灵岳墓表》 《氾绍和及妻张氏墓表》 《索显忠墓表》 《赵荣宗墓表》 《令狐天恩墓表》 《张氏墓表》 《任谦墓表》 侍内幹将 《赵荣宗妻韩氏墓表》 领兵将 《赵悦子妻马氏墓表》 《麴孝嵩及夫人毛氏墓表》 箱上将 曲尺将 巷中将 并《麴孝嵩妻张氏墓表》

义七将军号；而无陵江、伏波，疑高昌军制时有增损，故并据订补。
又《南史·高昌传》作："官有四镇将军，及置杂号将军。"按四镇将军，
见魏官制，麴嘉为镇西将军，乃魏所授，非高昌本国另置四镇将军
也。又《墓表》中有镇西府、平远府、抚军府诸号，镇西府当然为
镇西将军之幕府；则平远府、抚军府亦必有平远将军、抚军将军之
名号。第诸史无明文，故此号为何人所授，授于何人尚难知也。又
杂号将军，即虎牙、宣威、明威之类也。又据《马阿卷墓表》，以"虎
牙迁宣威，再迁殿中中郎将"。又据《麴孝嵩墓表》以"殿中中郎将
追赠殿中将军"。故以殿中将军一系为第一栏；殿中中郎将一系为第
二栏；宣威将军一系为第三栏；虎牙将军一系为第四栏也。

四、墓砖录文（附：别体字通检）

《张归宗夫人索氏墓表》（一，图版1） 原号一六

　　章和七年丁巳岁十一月壬戌 | 朔十五日乙亥平远府录事 | 参 | 军张归宗夫人索氏墓表 |

　　按朔日为壬戌，十五日当是丙子。

《画承及夫人张氏墓表》（二，图版2） 八九

　　章和十六年岁次析木之津冬 | 十二月己巳朔三日辛未高昌 | 兵部 | 主簿转交河郡户曹参军殿 | 中中郎将领三门子弟讳承 | 字 | 全安春秋七十有八画氏之墓表 |

　　夫人张氏永平二年□□鹑 | 火二月辛巳朔廿五日乙巳合 | 葬 | 上天愍善享年七十有九 |

　　按此砖后三行，字有模糊，不可识。今本初出土时所记录下，旁加点为记。又凡旁加点者，皆本初出土时记录，下同。

　　夫人张氏永平二年岁在鹑 | 火二月辛巳朔廿五日乙巳合 | 葬 | 上天愍善享年七十有九 |

　　按永平二年，即西魏大统十六年。鹑火为庚午。

《氾灵岳墓表》（三，图版3） 一一四

　　章和十八年岁次寿星夏 | 六月朔辛酉九日己巳田 | 地郡虎 | 牙将军内干将转 | 交河郡宣威将军殿中中 | 郎领三门散望将字

灵岳 | 春秋六十有七卒氾氏之 | 墓表 |

《田元初墓表》（四，图版4） 二三

　　永平元年岁在鹑 | 尾三月朔丙辰廿 | 四日己卯交河郡 | 镇西府兵曹参军 | 但旻天不吊享年 | 六十有四字元初 | 田氏之墓表 |

《氾绍和及夫人张氏墓表》（五，图版5） 九二

　　和平二年壬申岁八月朔 | 丙申镇西府虎牙将军领 | 内幹将氾绍和七月廿七日 | 卒春秋五十有八也以八 | 月一日申时葬于墓也 | 夫人敦煌张氏享年六十二 |

《孟宣宗墓表》（六） 七三

　　高一尺一寸三分弱，广一尺一寸弱，厚一寸。六行朱书。出吐鲁番雅尔湖沟西孟茔1。

　　和平四年甲戌岁九月 | 朔甲申五日戊子镇西 | 府省事迁功曹吏但旻 | 天不吊享年五十有二 | 寝疾卒字宣宗孟氏之 | 墓表 |

《赵荣宗妻韩氏墓表》（七，图版6） 一一

　　建昌元年乙亥岁正月 | 朔壬午十二日水巴镇 | 西府侍内幹将赵荣宗 | 夫人韩氏春秋六十有 | 七寝疾卒赵氏妻墓 | 表 |

《任叔达妻袁氏墓表》（八，图版7） 一〇五

　　建昌二年丙子岁十月朔壬 | 申廿八日己未镇西府客 | 曹参

军录事参军任米 | 达妻张掖袁氏之墓 | 表 |

按朔日为壬申，廿八日当为己亥。

《任□□墓表》（九） 一二二

高一尺二寸三分，广一尺二寸强，厚一寸二分。五行朱书。出吐鲁番雅尔湖沟西任茔5。

建昌三年岁次星 | 记六月朔戊辰十 | 五日壬午但旻天不 | 吊享年五十有一任□ | □之墓表 |

《麹那妻阿度墓表》（一〇，图版8） 三四

建昌四年戊寅岁二月甲子 | 朔十六日戊寅兵曹 | 司马麹那妻丧于 | 交河城西白字阿度女 | 麹氏之墓表 |

按朔日为甲子，则十六日当为己卯。

《田绍贤墓表》（一一，图版9） 一五

建昌五年己卯岁四月 | 朔戊午廿九日丁亥镇 | 西府兵曹参军绍贤但旻 | 天不吊春秋卅有九寝疾卒田氏之墓表 |

《任氏及夫人袁氏墓表》（一二） 四三

高一尺二寸弱，广一尺二寸弱，厚一寸三分。五行，墨书。出吐鲁番雅尔湖沟西任茔1。

延昌元年辛巳岁十一月 | 朔辛卯廿五日乙卯交河郡 | 客曹参军录事参军春秋八十 | 有九任氏之墓表 | 夫人张掖袁氏 |

按延昌元年，即周保定元年。据刘羲叟《长历》十月朔为癸酉，则十一月朔当为癸卯。

《张氏墓表》（一三，图版10） 五一

延昌□年壬午岁四月□ | 庚子十□□庚戌镇西府 | 省事后
□功曹寝疾 | 辛春秋□□八乙有葬于 | 西陵张氏□□表 |

按延昌二年，即周保定二年，岁次壬午，则"年"上为
"二"字。又朔日为庚子，推至十一日为庚戌，则"月"下为
"朔"字，"十"下为"一日"二字。

按"八"下有"乙"字，表示"八有"二字倒，上为"十"
字，应作"□十有八"。"氏"下据墓表例，当为"之墓"二字。

《索演孙妻张氏墓表》（一四，图版11） 一二〇

延昌三年水未岁十月朔 | 辛卯廿八日戊午记室参 | 军妻张
氏之墓表 | 客曹絫令兵 | 将索演孙 |

按絫即"参"字，下脱"军"字，《张守保墓表》有"客曹
参军"可证。"令"为"领"字之讹，《赵悦子妻马氏墓表》作"领
兵将"，盖高昌官名也。

《孟宣住墓表》（一五） 九六

高一尺一寸八分弱，广八寸二分，厚一寸五分。三行，朱
书。出吐鲁番雅尔湖沟西孟茔3。

延昌三年水未岁 | 十二月廿五日孟 | 宣住之墓 |

《王阿和墓表》（一六，图版12） 一二一

延昌五年岁在乙酉□ | 月朔水丑廿日壬申卒 | 廿二日甲戌
表 | 王阿和之墓表 |

按"酉"下缺字，据刘羲叟《长历》四月朔癸丑，则"酉"
下当为"四"字。

《史祐孝墓表》（一七，图版13） 八一

  延昌五年乙酉岁十 | 二月己酉朔十一日 | 己未初镇西府省
事 | 迁交河郡功曹史转 | 交河田曹司马追赠 | 高昌司马建康史
祐 | 孝之墓表 |

  按"曹"上当为"功"字。"史"当作"吏"，"功曹吏"
为高昌官名。又见《张买得墓表》。

《曹孟祐墓表》（一八，图版14） 四七

  延昌七年岁次御娵訾 | 望舒建于隆妻上旬 | 五日日维析木
户曹 | 参军曹孟祐春秋六 | 十有一于丁酉日戌 | 时寝疾卒文表
于 | 墓也 |

《索守猪妻贾氏墓表》（一九） 九七

  高一尺一寸七分，广一尺二寸四分，厚一寸五分强。六
行，朱书。出吐鲁番雅尔湖沟南索茔2。

  延昌七年岁**欵訾** | 望舒建于实浣下旬 | 二日日维辛卯兵
曹 | 参军索守猪妻贾氏 | 春秋六十有五灵□□ | 文表于暮□ |

  按"**欵訾**"当作"娵訾"，即"丁亥"，"**浣**"即"沈"字
之讹，"实沈"为孟夏四月。"灵"为"靈"之俗字，凡墓表中
"**靈**"均作"灵"，下疑为"柩葬"二字。"暮"当作"墓"，下
为"也"字。

《袁穆寅妻和氏墓表》（二〇，图版15） 七〇

  延昌九年己 | 丑岁十一月 | 丙戌朔卅日乙 | 卯索穆寅妻
和 | 氏之墓表 |

《令狐天恩墓表》（二一，图版16） 七五

延昌十一年辛卯岁 | 四月朔戊寅六日水 | 未前为交河郡内 | 干 将该转迁户曹参军 | 字天恩春秋六十有 | 八令狐氏之墓表 | 也 |

《张阿□墓表》（二二）

高一尺零一分，广一尺零三分，厚一寸五分。九行，朱书。出吐鲁番雅尔湖沟西附麴茔张1。

延昌十二年岁御寿星 | 望舒建于星记下旬九 | 日々维丙辰 新除镇西 | 府散望将□□省事又 | 转□□兵参军复迁为 | 户曹司马字阿□春秋 | 七十咸一原出敦煌功 | 曹后也灵枢葬题文于 | 墓张氏之墓表者也 |

按延昌十二年即周建德元年。寿星当为壬辰，星记即十一月。以丙辰日支推至月朔，当为己亥，《索守猪墓表》"十一月朔己亥"可证。

按"兵"上当为"中"字，"转"下或为"迁"字，《麴怀祭墓表》有"中兵参军"可证。

《索守猪墓表》（二三） 七六

高一尺一寸八分弱，广一尺一寸八分弱，厚一寸五分。三行，朱书，墨格。出吐鲁番雅尔湖沟西索茔2。

延昌十二年壬辰岁 | 十一月朔己亥十五 | 日辛亥新除兵曹主 | 簿后迁为兵曹参军 | 索守猪敦煌北府人 | 也春秋九十咸二寝 | 疾卒于交河岸上灵 | 枢葬之墓表 |

按朔日为己亥，则十三日当为辛亥，十五日为癸丑，疑"五"字为"三"字之误。

《任□慎妻墓表》（二四，图版17） 一一〇

延昌十三年水巳 | 岁二月十四日任 | □慎妻墓 |

《唐忠贤妻高氏墓表》（二五） 二八

高一尺二寸四分，广一尺二寸四分弱。厚一寸三分。七行，朱书刻格。出吐鲁番雅尔湖沟西唐茔4。

延昌十三年水巳岁 | 二月朔丁酉破上旬 | 三日己亥□□为交 | 河县小门散望将□ | 疾于交河岸上春秋七十有四字忠贤唐 | 妻同氏之墓表 |

《赵荣宗墓表》（二六，图版18） 二七

延昌十三年水巳岁 | 二月朔丁酉十六日 | 壬子今补抚军府主 | 簿复为内幹将更迁 | 为内行参军痫疾于 | 交河岸上春秋八十 | 字荣宗赵氏之墓表 |

《索显忠妻曹氏墓表》（二七，图版19） 六二

延昌十三年水巳岁 | 三月朔丙寅廿六日 | 辛卯虎牙将军索显 | 忠妻曹氏寝疾丧灵 | 枢葬 | 文表于墓也 |

《王举奴墓表》（二八，图版20） 一〇八

延昌十三年水巳岁 | 四月廿七日客曹参 | 军春秋七十四咸 | 一王举奴葬于 | 西崖 |

《毛弘弘墓表》（二九） 四六

高一尺二寸二分，广一尺二寸二分，厚一寸二分。四行，

墨书。出吐鲁番雅尔湖沟西古坟茔。

延昌十三年水巳岁十 | 月水巳朔廿六日戊午 | 户曹主簿毛弘 | 弘之墓表 |

按延昌十三年，即周建德二年，正作癸巳岁，十月癸巳朔，均与《长历》合。"三"上字模糊当是"十"字。

又高昌墓表凡"癸"字均作"水"。

《张买得墓表》(三〇，图版21) 五二

延昌十五季乙未岁七月 | 癸丑朔九日辛酉镇西府 | 散望将追赠功曹吏吴 | 天不吊春秋五十有六 | 字买 | 得张氏之墓表 |

《麹谦友墓表》(三一，图版22) 五五

延昌十七年丁酉岁 | 正月甲戌朔廿三日 | 丙申故处仕麹谦友 | 追赠交河郡镇西府 | 功曹吏麹君之墓表 |

《麹弹那及妻张氏墓表》(三二，图版23) 六

延昌十七季丁酉岁七月壬申朔 | 镇西府带阁主簿迁兵曹司马 | 追赠高昌兵部司马字弹那 | 春秋六十九寝疾卒夫人敦煌张氏 | 麹氏之墓表 |

《张神忠墓表》(三三) 一一三

高一尺三寸四分，广一尺二寸八分，厚一寸四分。六行，朱书。出吐鲁番雅尔湖沟西张茔1。

延昌十九年己亥 | 岁三月朔壬辰二 | 日□巳客曹主簿 | 张神忠春秋五十 | 有五寝疾卒于□ | 内张氏之墓表 |

按朔日为壬辰，则二日为癸巳。以墓表中凡"癸"字作"水"例，则"巳"上当为"水"字。

《儒子墓表》(三四，图版24) 一二

延昌十九季己亥岁八月 | 己未朔十七日寝疾卒 | 昊天不吊享季廿有 | 七友用悼畅乡同悲悛廿日 | 葬于墓字儒子 |

《马阿卷墓表》(三五，图版25) 三一

延昌廿一年辛丑岁 | 五月己酉朔廿七日 | 乙亥镇西府虎牙将 | 军更迁明威将军复 | 转宣威将军追赠殿 | 中中郎将春秋六十 | 字阿卷马氏之墓表 |

按此砖初出土时，字颇清楚可识。今本当时所记录写，旁加点为记。

《孟孝□墓表》(三六)

高一尺一寸七分，广一尺一寸五分，厚一寸三分。七行，朱书。出吐鲁番雅尔湖沟西孟茔2。

延昌廿一年辛亥岁十 | 二月朔□戊鉴（墨书）日辛酉 | □□□交河城中镇西府 | □□□将春秋七十□□□□郡人也字 | 孝□孟氏之幕 | 表也 |

按延昌廿一年，即隋开皇元年，岁次辛丑。延昌卅一年，隋开皇十一年，岁次辛亥。故"廿"字当作"卅"。又以辛酉反推至朔日为戊申，故"戊"上为"申"字，此倒书，刘羲叟《长历》十二月朔正作戊申可证。鉴不成字，应为"葬四"二字之连书。葬属下文，误书在此，而略去十字。故此处应云："延昌卅一年辛亥岁，十二月朔戊申十四日辛酉葬于交河城中。"但原记录砖文如此。故仍次于延昌廿一年，附以说明。

《王理和妻董氏墓表》（三七，图版26） 一

延昌廿一年辛丑岁｜十二月十九日虎牙将｜军王理和妻
年｜七十有七董氏｜之墓表｜

《苏玄胜妻贾氏墓表》（三八，图版27）

延昌廿二年壬寅｜岁正月朔乙巳九｜日水丑户曹参军｜党
内事苏玄胜妻｜贾氏春秋六十有｜六□□于墓｜

按延昌廿二年，即隋开皇二年，岁次壬寅，故"岁"上为
"壬寅"二字。朔日为乙巳，则癸丑为九日，故"日"上为"九"
字。据墓表恒例，"于"上当为"殡葬"二字。

《画神邕妻周氏墓表》（三九，图版28） 一三

延昌廿二年壬｜寅岁四月甲辰｜朔三日丙子镇｜西府田曹
参军｜画神邕妻建康｜周氏之墓表也｜

按三日为丙子，则朔日当为"甲戌"，故"朔"上当为"戌"
字。刘羲叟《长历》四月朔正作甲戌，此误作甲辰。

《麹显穆墓表》（四〇，图版29） 四〇

延昌廿四年甲辰｜岁二月朔水巳二｜日甲午新除兵曹｜参
军麹显穆春秋｜七十有七麹氏之｜墓表｜

《户曹参军妻索氏墓表》（四一） 六一

高一尺一寸七分，广一尺一寸七分，厚一寸五分，六行，
朱书。出吐鲁番雅尔湖沟西古坟茔。

延昌廿五年乙巳 | 岁八月朔乙酉廿 | 二日丙午户曹参 | 军妻遇患殒丧春 | 秋七十有七索氏 | 夫人之墓表 |

《张氏墓表》（四二，图版30） 一〇二

延昌廿七年丁未岁 | 五月朔甲戌十七日 | 庚寅初为虎□将军 | 后转内幹将□迁追 | 赠明威将军于交河 | 郡薨亡于位春秋八 | 十张氏之墓表 |

按《马阿卷墓表》有"虎牙将军"，故"虎"下当为"牙"字，此砖初出土时，"牙"字尚可辨也。"迁"上为"更"字，亦见初出土时记载。

《田孝养妻苏氏墓表》（四三） 一二五

高一尺一寸七分，广一尺一寸七分，厚一寸四分。六行，朱书，朱格。出吐鲁番雅尔湖沟西古坟茔。

延昌廿七年丁 | 未岁九月朔壬 | 申开十二日水 | 未虎牙将军田 | 孝养妻武公苏 | 氏之墓表 |

《刘氏墓表》（四四） 一〇〇

高一尺一寸六分，广一尺一寸六分，厚一寸七分。七行，朱书，刻格。出吐鲁番雅尔湖沟西刘茔2。

延昌廿七年丁未 | 岁□□□壬申十 | 三日甲申新除追 | 赠虎牙将军于交 | 河岸上遇患殒表 | 春秋卌有二刘氏 | 之墓表 |

按以十三日甲申，推至朔日为壬申。据刘羲叟《长历》十一月朔作壬申，则"壬"上当作"十一月朔"。但首六行每行皆七字，故第二行亦应是七字，如为十一月朔则有八字，与例不合。又审其书迹，似"九月朔"三字，与《田孝养妻苏氏墓表》同。但九月朔为"癸酉"，此作"壬申"误差一日。

《周氏墓表》（四五）　二五

　　高一尺一寸五分，广一尺一寸五分，厚一寸三分。六行，朱书，刻格。出吐鲁番雅尔湖沟西古坟茔。

　　延昌廿八年戊申｜岁正月□□□廿｜五日□□□□□｜妻遇□□□□□｜位春□□十有三｜周氏□□之墓表｜

　　按此砖剥蚀甚多，不尽可辨。按延昌廿八年，即隋开皇八年，岁次戊申。据刘羲叟《长历》正月朔为辛未，则廿五日为乙未，故"月"下疑为"辛未朔"三字，"日"下为"乙未"二字。

《买得妻王氏墓表》（四六，图版31）　八三

　　延昌廿八年戊申岁｜五月朔己巳十四日壬午｜功曹买得妻遇患殒表｜春秋五十有五王氏｜夫人之墓表｜

　　按买得为死者之字，未注明姓氏，图版二十一有《张买得墓表》，与此墓表同出于沟西张茔2，则买得当姓张，与图版二十一同为一人，前者为买得本人，后者为其夫人耳。

《麴怀祭妻王氏墓表》（四七，图版32）　九三

　　延昌廿九□□□｜岁十月朔庚□五｜日甲子仓部司马｜麴怀祭妻遇患殒｜丧春秋六十有六｜王氏夫人之墓表｜

　　按延昌廿九年即隋开皇九年，岁在己酉，故"九"下为"年己酉"三字。又五日为甲子，则朔日为庚申，故"庚"下为"申"字。

《任显文墓表》（四八）

高一尺一寸六分，广一尺一寸四分，厚一寸三分。五行，刻字填朱。出吐鲁番雅尔湖沟西任茔2。

延昌卅年庚戌岁四月丁 | 巳朔交河郡贼曹参军 | 追赠田曹录事参军显文 | 廿六日壬午丧于墓春 | 秋七十有二任氏之墓表 |

《麹怀祭墓表》（四九，图版33） 九

延昌卅一年辛亥岁三 | 月朔壬午九日庚寅新除 | 交河中兵参军转迁客曹 | 司马更迁仓部司马追赠仓部长史金城 | 麹怀祭之墓表 |

《画伯演墓表》（五〇，图版34） 一四

君字伯演田曹参军画墓之 | 孟子便弓马好驰射寝疾卒 | 春秋卅有五延昌卅一年辛亥 | 岁十月十四日丧于庙画氏之 | 墓表

《田贤文墓表》（五一） 九十

高一尺零二分，广一尺零五分，厚一寸六分。六行，朱书。出吐鲁番雅尔湖沟西田茔3。

延昌卅二年壬子 | 岁五月朔乙亥十 | 日甲申春秋七十 | 有□□于交河岸 | 上户□□军贤 | 文田氏之墓表 |

按延昌卅二年，即隋开皇十二年。据刘羲叟《长历》四月朔丙子，则五月朔当为丙午。

按墓表书卒书葬例，则"于"上当为"卒"字，或"葬"字，"户"下疑为"曹参"二字，盖"户曹参军"为高昌官名，例如《画承墓表》《曹孟祐墓表》均有是称也。

《卫孝恭妻袁氏墓表》（五二）　四

高一尺一寸六分，广一尺一寸四分，厚一寸一分。六行，朱书，朱格。出吐鲁番雅尔湖沟西卫茔1。

延昌卅三年水丑岁十一｜月朔丁酉上旬七日□惟｜癸卯交河内散望将卫孝｜恭妻源州武威袁氏春秋｜六十有七□□此十月晦｜日奄背殡丧灵柩葬表文｜

《索氏妻张孝英墓表》（五三）　一〇一

高一尺一寸四分，广一尺一寸四分弱，厚一寸二分。五行，朱书。出吐鲁番雅尔湖沟南索茔1。

延昌卅□年乙卯岁十一｜月朔乙卯四日丁巳镇｜西府虎牙将军三门将｜索氏妻孝英春秋八十｜有一张氏夫人之墓表｜

按延昌卅五年，即隋开皇十五年，岁在乙卯，则“卅”下当为“五”字。又按朔日为乙卯，则四日当为“戊午”。

《户曹□□墓表》（五四）　八八

高一尺二寸一分，广一尺二寸，厚一寸七分。六行，朱书，刻格。出吐鲁番雅尔湖沟西古坟茔。

延昌卅六年丙辰岁｜正月朔甲寅十一日｜甲子镇西府户曹□｜□□□□□□□□□｜□□□□□□□□□｜□□□□□□□□□｜

《曹智茂墓表》（五五，图版35）　三六

延昌卅七年丁巳岁｜八月朔乙巳廿日甲子｜兵曹参军曹智

茂春 | 秋七十有九寝疾卒 | 灵柩葬 | 曹氏之墓表 |

《任□□墓表》（五六） 一七

　　高一尺二寸二分，广一尺二寸，厚一寸五分。五行，墨地朱书。出吐鲁番雅尔湖沟西任茔9。

　　延昌卅九年己未 | 岁正月朔丁卯廿五 | 日庚寅□□□□□ | 兵曹参军□□□春 | 秋六十有□任□□□表 |

　　按延昌卅九年即隋开皇十九年。刘羲叟《长历》正月朔丁卯与此相合。由丁卯朔推至庚寅日为廿四日，此作廿五日误差一日。

《马氏墓表》（五七，图版36） 五六

　　延昌卅一年辛酉 | 岁四月朔甲寅 | 十一日甲子追 | 赠明威将军春 | 秋六十有二马 | 氏之墓表 |

《索显忠墓表》（五八，图版37） 七九

　　延昌卅一辛酉岁 | 十月朔辛亥九日 | 己未新除虎牙将 | 军转迁为内将索 | 显忠昊天不吊 | □便殒丧春秋 | 七十有七索氏之墓表 |

《巩氏妻杨氏墓表》（五九，图版38） 一二九

　　延和元年壬□岁□ | 月丙子朔八日癸未新 | 除王国侍郎转为交 | 河户曹司马张掖巩 | 氏妻□张杨氏 | □□之墓表焉 |

　　按延和元年即隋仁寿二年，岁在壬戌，则"壬"下为"戌"字。据刘羲叟《长历》八月朔日丙午，则九月朔日为丙子，故

"月"上为"九"字。

《唐元护妻令狐氏墓表》（六〇，图版39） 四五

延和二年癸亥岁三 | 月朔壬寅廿九日庚□ | 内将唐元护妻令狐 | 氏寝疾薨亡春秋卅 | 有五令狐氏夫人之墓表 |

按三月朔为癸卯，五月朔为壬寅，故三月当作五月。墨迹有剥蚀。下推至廿九日为庚午，故"庚"下当为"午"字。

《赵荣宗妻赵氏墓表》（六一，图版40） ———

延和三年□□岁 | 九月朔甲午□日 | 乙未镇西府□□ | 参军赵荣宗妻□ | 氏春秋八十有□ | 赵氏之墓表 |

按延和三年即隋仁寿四年，岁在甲子，故"岁"上为"甲子"二字。朔日为甲午，则乙未为二日，故"日"上为"二"字。

《□□墓表》（六二） 三五

高一尺二寸弱，广一尺二寸弱，厚一寸。五行，朱书。出吐鲁番雅尔湖沟西马莹7。

延和四年□丑岁润七 | 月朔己未□九日□□□镇 | 西府追赠□□□□□ | □□遇□□□春秋 | 卅有四□□之墓表 |

按延和三年为甲子，则四年当为乙丑，故丑上当为"乙"字。又此砖初出土时"九"上"十"字，尚可辨识。既朔日为己未，则十九日当为丁丑，故"日"下为"丁丑"二字。

《贾羊皮墓表》（六三，图版41） ——六

延和七年戊辰岁二 | 月朔甲戌廿一日甲 | 午镇西府田曹主

簿 | 贾羊皮今皇天不愍 | 奄便命终春秋六十 | 有四贾氏之墓
表 |

《张时受墓表》（六四） 七四

高一尺二寸，广一尺一寸三分，厚一寸五分。六行，朱
书。出吐鲁番雅尔湖沟西张茔6。

延和八年己巳岁二月 | 朔戊戌卅日丁卯新除 | 张时受今于
此月廿三 | 日遇患殒丧终于位春 | 秋卅有八以虬车灵柩 | 殡丧
于墓张氏之墓表 |

《孟氏墓表》（六五，图版42） 三九

延和八年己巳岁八月 | 朔乙未十二日丙午 | 镇西府录事参
军孟 | 子今于此月遇患殒 | 丧春秋七十以虬车灵柩 | 殡葬于墓
孟氏之墓表 |

《唐仲谦墓表》（六六） 八七

高一尺一寸五分弱，广一尺一寸八分强，厚一寸三分强。
六行，朱书。出吐鲁番雅尔湖沟西唐茔2。

延和十年辛未岁 | 五月朔乙酉十日甲午 | 镇西府将唐仲谦
遇 | 患殒丧春秋六十有 | 七以虬车灵柩殡葬 | 于墓唐氏之墓
表 |

《王皮苟墓表》（六七，图版43） 二一

延和十一年壬申岁□ | 月朔庚辰六日乙□ | 镇西府王皮
苟遇□ | 殒丧春秋五十有□ 以虬车灵柩殡丧□ | 墓王氏之墓

表 |

　　按延和十一年，即隋大业八年。据刘義叟《长历》三月朔
庚辰，则"月"上为"三"字，推至六日为乙酉，则"乙"下
为"酉"字。此砖初出土时，"酉"字尚可辨也。

　　按各墓砖书例，"遇"下当为"患"字，"丧"下为"于"字，
"墓"下为"表"字，亦见初出土时记录。

《任谦墓表》(六八，图版44) 一八

　　延和十一年壬申岁 | 五月朔己卯廿三日辛 | 丑镇西府内将
任谦遇患 | 殒丧春秋七十有三以 | 虬车灵柩殡丧于 | 墓任氏之
墓表 |

《张伯厦妻王氏墓表》(六九，图版45) 七

　　延和□□年癸酉岁 | 正月朔丙子十六日辛 | 卯镇西府张伯
厦妻王 | 氏遇患殒丧春秋五十 | 有二以虬车灵柩殡葬 | 于墓王
氏夫人之墓表 |

　　按延和十二年即隋大业九年，岁在癸酉，故"延和"下为
"十二"两字。

《唐幼谦妻麹氏墓表》(七〇，图版46) 六三

　　义和二年乙亥岁 | 六月朔辛酉卅日 | 庚寅新除唐幼谦 | 妻
麹氏身患殒丧 | 春秋五十有七以虬 | 车灵柩葬于墓 | 麹氏夫人
之墓表 |

　　按义和二年即隋大业十一年，是年六月朔为壬戌，此作辛
酉，误差一日。推至卅日正作庚寅。

《赵僧胤墓表》(七一，图版47) 一〇七

  □□三年丙子岁十二 | 月癸未朔六日□□新 | 除赵僧胤今于此月 | 遇患殒丧春秋七十 | 有一以虬车灵柩殡 | 葬于墓赵氏之墓表 |

  按隋大业十二年为丙子，即高昌义和三年，其十二月朔正为癸未，则六日当为戊子。故"三"上为"义和"二字，"日"下为"戊子"二字。

《唐舒墓表》(七二，图版48) 一一九

  义和四年丁丑岁□□朔壬 | 子八日己未镇西府□□户 | 曹参军转迁□□□□ | 后更转迁追□事□军 | 唐舒卒遇□□□□薨亡 | 春秋七十□□以虬车灵 | 柩殡葬于墓唐氏□□□ |

  按义和四年即隋大业十三年。据刘羲叟《长历》正月朔壬子，则"朔"上为"正月"二字。

  按"追"下落"赠"字，"事"上为"录"字，"事"下为"参"字，"录事参军"，高昌官名。又见《任叔达墓表》。

《□□墓表》(七三) 八五

  高一尺二寸三分，广一尺二寸三分，厚一寸弱。朱书，行数不明。出吐鲁番雅尔湖沟西古坟茔。

  义和四年丁丑岁（以下字不明）

  按此砖旧书延昌年号，以后又涂改书义和。

《王遵妻史氏墓表》(七四) 二六

  高一尺一寸八分弱，广一尺一寸七分，厚一寸五分强。四行，朱书。出吐鲁番、雅尔崖、沟西古坟茔。

义和五年□寅岁五月朔乙 | 巳十五日丁巳新王遵妻 | 史氏
□□□遇患薨□春 | 秋□□□□□□□□□ |

按义和五年即唐武德元年，岁次戊寅，则"寅"上为"戊"字。是年五月朔正作乙巳，推至十三日为丁巳，此作十五日，疑"五"为"三"字之误。又原文录写作"义和二年"，岁朔与《长历》不合，今订正。

《刘保欢墓表》(七五，图版49) 四四

重光元年庚 | 辰岁十一月廿 | 三日刘保欢之墓表焉 |

按余此次发现"重光"年号墓砖有三：一为元年庚辰；二为二年辛巳；三为三年壬午。按在六朝迄隋唐之际有三庚辰；一为齐东昏侯永光二年；二为陈文帝天嘉元年；三为唐高祖武德三年。依次推辛巳亦有三：一为齐和帝中兴元年；二为陈文帝天嘉二年；三为唐武德四年。又推壬午亦有三：一为梁天监元年；二为陈天嘉三年；三为唐高祖武德五年。今推月朔，惟唐武德四年十二月朔为甲寅，武德五年六月朔为辛亥，与墓表合。故决定重光年号，为唐武德间年号。余初版时，误排重光于齐永元间，次于章和之前，今特订正重排。次于义和之后、延寿之前。

《张保守墓表》(七六，图版50) 四九

重光二年辛巳岁十 | 二月甲寅朔十四日 | 丁卯镇西府客曹参 | 军张保守春秋五 | 十有五以虬车灵柩 | 殡葬于墓张氏之墓表 |

《范法子墓表》(七七) 一二三

　　高一尺二寸弱，广一尺二寸弱，厚一寸强。六行，朱书。出吐鲁番阿斯塔拉古坟茔2。

　　重光三年壬午岁 | 六月朔辛亥廿八 | 日戊寅故范法 | 子追赠宣威将 | 军春秋五十六 | 殡葬斯墓也 |

《麹庆瑜墓表》(七八) 六八

　　高一尺一寸弱，广一尺一寸弱，厚一寸。八行。朱书，朱格。出吐鲁番雅尔崖沟西麹茔2。

　　重光三年壬午岁□ | 月辛未朔七日丁丑 | 薪除镇西府省事麹 | 庆瑜迁功曹吏更迁 | 带阁主簿转迁田□ | 司马□□□□□□ | 卒于交河□□春秋 | 六十有五麹氏之葬 |

　　按重光三年即唐武德五年，是年六月朔辛亥，见上《范法子墓表》，无辛未朔。推重光五年即唐武德七年甲申岁三月朔辛未，此砖字迹颇模糊，疑录写有误也。

　　又按"田"下疑为"曹"字，田曹司马，见《史祐孝墓表》。

《张氏墓表》(七九) 二二

　　高一尺二寸弱，广一尺二寸弱，厚一寸五分。六行，朱书。出吐鲁番雅尔湖沟西唐茔14。

　　延寿四年丁亥岁五月 | 壬子朔十四日乙丑镇 | 西府□□□□□□□ | □□□□□□□□□ | 四□□车灵柩殡□□ | □□张氏墓表 |

《□□墓表》(八〇) 九五

　　高一尺零五分，广一尺零六分强，厚一寸。六行，朱书。

出吐鲁番雅尔湖沟西唐茔15。

> 延寿四年丁亥岁十月 | 庚辰□三日壬午镇西 | □□□郡客曹主簿迁 | □□春秋七十有二 | □□□灵柩殡斯墓 | □□□之墓表 |

按三日为壬午，则朔日为庚辰，故"辰"下为"朔"字。"镇西"下疑为"府交河"三字。盖此次所得墓砖多出于雅尔湖，为高昌交河郡旧地，疑当时镇西将军幕府亦设于此城中。故墓砖上凡书死者官职及籍贯，多冠以"镇西府"或"交河郡"等字，例如任法悦、唐阿朋诸墓表皆是。此砖亦出雅尔湖，故知亦当为镇西府交河郡也。

《赵悦子妻马氏墓表》（八一，图版51） 七七

> 延寿七年庚寅岁七 | 月□□朔十六日己卯 | □□府领兵将赵悦 | 子妻马春秋五十 | 有六以轠车灵柩□□ | 于墓马氏□□□ |

按十六日为己卯，则朔日当为甲子。刘羲叟《长历》，七月朔为甲子与此合，故"朔"上为"甲子"二字。按"领兵将"为镇西府官名，故"府"上为"镇西"二字。按"柩""氏"下缺字，据墓表书例，"柩"下疑为"殡葬"二字，"氏"下疑有"之墓表"三字。

《曹妻苏氏墓表》（八二，图版52） 一一五

> 延寿八年辛卯岁 | 正月辛酉朔十三□水 | 酉镇西府曲尺将 | 曹妻春秋六十有 | 四以轠车灵柩殡葬 | 于墓苏氏之墓表 |

《唐耀谦墓表》（八三，图版53） 一一五

延寿八年辛卯岁 | 十月丁亥朔廿一 | 丙午镇西府府门 | 散望将唐耀谦春 | 秋七十有七以虬 | 车灵柩殡斯于墓 | 唐氏之墓表 |

按朔日为丁亥，则廿一日当为丁未，此误差一日。

《史伯悦墓表》（八四） 一〇七

高一尺二寸一分，广一尺二寸一分，厚一寸三分弱。六行，朱书。出吐鲁番雅尔湖沟西史茔1。

延寿八年辛卯岁十二 | 月朔乙巳廿七日辛亥 | 镇西府新除省事□□ | □主簿史伯悦春秋六十 | □八以虬车灵柩 | □□暮史氏之墓表 |

按延寿八年即唐贞观五年。据刘義叟《长历》十二月朔为丙戌。又以此砖廿七日辛亥，反推至朔日当为乙酉，此作乙巳，误。

《麹延绍墓表》（八五，图版54） 六六

延寿九年壬辰岁三 | 月朔甲寅卅日水亥 | 镇西府々门散□□ | 麹延绍春秋五十□ | 六以虬车灵柩殡斯于 | 墓麹氏之墓表 |

按朔日为甲寅，则十日为癸亥，卅日当为癸未。
按"散"下为"望将"二字，"府门散望将"为高昌官名。又见《唐耀谦墓表》。又"六"上为"有"字。

《赵悦子墓表》（八六，图版55） 六九

延寿九年壬辰岁 | 四月甲辰朔廿七日 | 庚戌镇西府领兵 |

将赵悦子春秋六十 | 有六以虬车灵柩殡 | □于墓赵氏之墓表 |

　　按朔日为甲辰，则廿七日当为庚午。今以廿七日庚戌反推至朔日，当作甲申。刘羲叟《长历》三月朔作甲寅，则四月朔正作甲申。故"甲辰"疑为"甲申"之误。

《赵充贤墓表》（八七）　八

　　高一尺零六分，广一尺零六分，厚一寸四分。六行，墨书。出吐鲁番雅尔湖沟西赵茔4。

　　延寿九年壬辰岁 | □月朔水丑十一日□ | □镇西府田曹参 | 军赵充贤春秋七十 | 有五以虬车灵柩殡 | 葬于墓赵氏之墓表 |

　　按延寿九年即唐贞观六年。据刘羲叟《长历》六月朔为癸未，则七月朔为癸丑。墓砖凡"癸"字均作"水"，故"月"上为"七"字。朔日为"水丑"，则十一日当为水亥，故"日"下为"水亥"二字。当此砖初出土时，"水"字尚可见也。

《麹悦子墓表》（八八）　一一七

　　高一尺零八分强，广一尺一寸，厚一寸三分。六行，朱书。出吐鲁番雅尔湖沟西古坟茔。

　　延寿九年壬辰岁十 | 月辛酉朔十九日水 | 卯镇西府□□□□ | 将麹悦子□□□□ | 十有五□□□□□ | 殡葬□□□□□ |

　　按朔日为辛酉，则十九日当为己卯。又以十九日水卯，反推至朔日当为乙酉。又按刘羲叟《长历》唐贞观六年十月朔为辛亥，十九日当为己巳，与此均不合。又按镇西府下有四字不明，按镇西府武官，有"领兵将""内幹将""散望将""府门散望将"，疑此处"府"下为"府门散望"四字。例如唐耀谦、麹延绍诸墓表，均有"镇西府府门散望将"之官职可证也。

《曹武宣墓表》(八九)　二九

高一尺一寸九分，广一尺一寸九分，厚一寸三分。六行，朱书。出吐鲁番雅尔湖沟西曹茔5。

□□九年壬辰岁 | 十一月庚辰朔五日 | □□镇西府曲尺将 | 曹武宣春秋六十有 | 八以蚺车灵枢殡斯 | 于墓曹氏之墓表 |

按唐贞观六年为壬辰岁，即高昌延寿九年。刘羲叟《长历》十一月朔正作庚辰，则五日当为甲申。故"九年"上为"延寿"二字，"五日"下为"甲申"二字。

《任阿庆墓表》(九○)　四一

高一尺零五分，广一尺零八分，厚一寸二分。六行，朱书。出吐鲁番雅尔湖沟西任茔17。

延寿十年癸巳 | 岁二月己酉朔十 | 九日丁卯镇西府官 | 左右有亲侍任阿庆 | 春秋六有九以蚺车灵 | 枢殡斯于墓 |

《任法悦墓表》(九一，图版56)　九一

延寿十一年岁次甲午 | 正月朔甲戌下旬四日 | 西府交河郡民任法 | 悦新除虎牙将军追 | 赠明威将军春秋五 | 十咸三卒于辰时以 | 蚺车灵枢殡葬斯 | 墓任氏之墓表也 |

《唐阿朋墓表》(九二，图版57)　二四

延寿十一年甲午岁 | 九月朔庚午廿六日 | 乙未镇西府交河

郡｜□为交河圻上博士｜田曹参军唐阿朋春｜秋六十有六以虬车｜□□殡斯于墓｜

按"春"下为"秋"字，"虬车"下当为"灵枢"二字。

《王阁桂墓表》(九三，图版58) 五四

延寿十三年丙申岁二月｜朔辛酉四日薪除甲子｜交河郡民镇西府兵将｜王阁桂遇患殒丧春秋｜七十有二以虬车灵殡｜葬于墓王氏之墓表｜

按延寿十三年，即唐贞观十年，是年二月壬戌朔，此作辛酉，误差一日。又朔日辛酉四日正值甲子，此处倒书，甲子应在四日之下，薪除之上。

《□□罗妻太景墓表》(九四) 九八

高一尺零六分，广一尺零六分，厚九分。六行，朱书。出吐鲁番雅尔崖沟西卫茔罗3。

延寿十三年丙申岁十二｜月十□□西府交河郡民｜参军□□罗妻太景｜春秋五十有二遇患□｜丧卒于辰时以虬□｜灵枢殡葬于墓｜

《苏□相墓表》(九五) 八六

高一尺一寸，广一尺零八分，厚一寸三分。八行，朱书。出吐鲁番雅尔湖沟西附曹茔2。

延寿十五年戊戌岁十｜一月朔丙午十六日辛酉新｜田曹主簿转迁兵将更｜迁杂曹参军苏□相｜遇患殒丧春秋六十｜有一以虬车灵殡｜葬斯墓苏｜氏之墓表｜

《任阿悦妻刘氏墓表》(九六，图版59) 一九

　　贞观十五年二月朔 | 壬辰廿三日甲寅交 | 河县民镇西府内
将 | 任阿悦妻刘春秋六 | 十有三以虬幡灵殡 | 葬斯暮任氏之墓
表 |

《唐神护墓表》(九七，图版60) 四八

　　贞观十八年岁次 | 甲辰十月朔辛丑 | 十五日乙卯西州 | 交
河县民岸头府 | 检师唐神护春秋 | 卅有七以虬车灵 | 枢殡葬于
墓唐 | 氏之墓表 |

《唐妻辛英疆墓表》(九八) 三

　　高一尺零四分，广一尺零九分，厚一寸三分。八行，朱
书。左侧一行，刻字填墨。出吐鲁番雅尔湖沟西唐茔10。

　　贞观廿一年岁次丁 | □正月戊子朔廿五 | □壬子交河县神
山 | 乡民唐妻辛忽遭 | 时患以今月十九日身 | 便□巨春秋一十
有七宜向 | □灵殡葬于墓氏唐之 | 墓表 | 唐妻辛英疆之墓表 |

《王朋显墓表》(九九，图版61) 三三

　　维大唐贞观廿二年岁次戊申 | 十一月戊寅朔五日壬午西州
交 | 河县神山乡人王朋显殡葬 | 于墓封姓悆易执橐 | 贞纯春陆
乙秋拾壹十 | 一月五日殡葬于墓是王之墓表 |

《孟隆武墓表》(一〇〇，图版62) 五八

　　贞观廿四年二月朔 | 二日交河县白丁孟 | 隆武申时亡春秋
叁 | 拾有三封性聪颖执 | 早贞唇有杂诸财无 | 有比嫡宜向衡灵

殡｜葬斯暮有一比丘引｜道直行｜

《汜朋祐墓表》（一〇一，图版63）　三二

　　永徽元年岁次庚｜戌五月朔己亥西州｜交河县人汜朋祐｜
春秋六十六遐逝｜于先西城殡灵葬此｜□廿八日汜氏之墓表｜

《史伯悦妻麴氏墓表》（一〇二）　七一

　　高一尺零九分，广一尺零五分，厚一寸二分。七行，朱
书。出吐鲁番雅尔湖沟西史茔1。

　　永徽五年岁次丁丑｜四月朔丙子十九日｜癸巳交河县故带
阁｜主簿史伯悦妻麴氏｜春秋六十有四殡葬｜斯墓乌呼哀哉
乌｜呼哀哉史氏之墓表｜

　　按唐永徽五年岁次甲寅，此误。据刘羲叟《长历》四月朔
丙子，与此同。然朔日为丙子，则十八日为癸巳十九日当为甲
午，误差一日也。

《任相住墓志铭》（一〇三，图版64）　一〇

　　维大唐显庆元年岁次庚辰四月乙亥朔八日甲寅交河｜县人
任相住也春秋七十有五年惟翁少禀生知早标令闻仪形外朗若璧
日之照重□心｜镜内融类氷臺之函积雪泊乎捧雉词惊□｜□之
文灵台与秋月齐明神鉴共清风竟｜远既而魂驰西景魄鹜东流名
与风腾隙驹｜□虽驻永共所天相离□弃生平耳闻者丧｜其心目
睹者摧其骨呜呼哀哉乃为铭曰｜坠灵泉壤埋德芳岩茂木摧析耆
士斯掩永游罕彻还日未占灰形散灭胶柒难粘呜呼哀哉｜□□后
代｜

按唐显庆元年，岁次丙辰，四月朔为乙未，《任相住墓表》作丙辰可证。今作庚辰，四月朔为乙亥，恐误。又此砖"任相住"三字笔迹与全文不类，疑当时用旧墓表涂改，如七三墓砖、原书延昌，后改书义和，可证也。

《任相住墓表》（一〇四）　三八

高一尺零八分，广一尺一寸，厚一寸。六行，朱书朱格。出吐鲁番雅尔湖沟西任茔20。

显庆元年四月 | 朔乙未卒岁次 | 丙辰十六日庚 | 成执廿日甲寅 | 收任相住□□ | 尉春秋六十有 | 一之墓表 |

按此砖与一〇三墓砖，同志一人，同出一冢，由于上砖系涂改，岁朔均误，乃改用此砖。而此砖之岁朔正与《长历》合也。

《□隆恶墓志铭》（一〇五）　四二

高一尺零六分，广一尺零六分，厚一寸二分。十四行，朱书。出吐鲁番雅尔湖沟西古坟茔。

维大唐显庆二年岁次庚午正月丁酉□□□□□□镇西府 | □□□次年中父任岸头府椓师□□见至上柱国有 | □□隆恶春秋六十有九呜呼哀哉少秉志节懂 | □□阿外取赞于忠□内 | □□于厚养乡城领袖 | □□□□□□慕其能长幼□其德既而魂驰 | □□□□□流名与风腾刑随烟灭□与所天□□ | □耳闻者□其心目睹者□□□□□□□人非金石祸故无常□兹亡父□□ | □□□□□□□□□□□□□□量□ | □□□□□□□□□□□□□□□□□□泉呼之 | □□□□□□□□□□□□□□□□□□昔与人处今与 |

□□□□□□□□□□□□□□□□□□甘从□灭 | □□□□□□□□□□□□□□□□不依□ | □□□□□□□□□□□□□□□呜呼哀哉 |

按唐显庆二年为丁巳，此作庚午误。又据刘羲叟《长历》正月朔为庚申，此作丁酉亦误。

又按此砖字多模糊，审其文义，与《曹怀明妻索氏墓表》《王康师墓表》大致相同，可以互证也。

《刘住隆妻王延台墓志》（一〇六，图版65） 五〇

维大唐显庆五年岁次景申五月辛 | 丑朔廿日庚申岸头府校尉刘住隆 | 妻王氏之墓 |

惟夫人讳延台志性忠贞慈深 | 素质家风远振五德备躬不期积 | 无验乃忽染患医药方疗其疾不 | 廖遂于其年五月十七日亡背何期 | 一旦忽系芳兰亲族为之悲号乡 | 同为之叹惜呜哀哉 |

《田庆延墓志》（一〇七，图版66） 八〇

维大唐显庆□年二月 | 十五日岁次□□□□骑都 | 尉田庆延今月□□□春秋 | 七十有六□□□□□□ | 同惊谔绝□□□□□ | 非莫知何计□□□□ | 呼应□□□墓也 |

《唐昙海墓志》（一〇八） 六五

高一尺零九分，广一尺一寸二分，厚一寸三分。十一行，朱书。出吐鲁番雅尔湖沟西唐茔6。

唐昙海高昌人也本故弃□□□□□□□ | 后迁移生居此土君乃禀□□□□□□事 | 上竭诚接下思敬清空内发仁□□彰

志等松□ | 心同山岳可谓渭而不缋磨而不济者也年自弱 | 冠释褐而任镇西交河公府上右亲侍北□声 | 以龙朔三年十二月超梓汇府蔫困弥甚名 | 医石药加□□此疾乃不疗至四年二月十 | 日掩从公□□□□十有七年□川水不停人 | 随物化□□□马乡□□□焉以其月十九 | 日葬于城西之和也故□□□□□置于宫玄之左 | 使千秋不灭□□ |

《翟那宁昏母康波蜜提墓志》（一〇九，图版67） 一二四

维麟德元年 | 四月卅日翟那 | 宁昏母康波 | 蜜提墓至既

《刘土恭墓志铭》（一一〇，图版68） 五三

维大唐乾封元年岁次景寅四月十六日刘恭 | 土恭者刘氏之息也忽已今月之间 | 淹形逝住染患不蕳因丧其躯□医扶救不存留而不秀者也又溟师门学 | 道德业尽通才艺俱兼忠贞赳慎有 | 可春秋一十有七卒于赤山南原礼也东则 | 洋洋之水南及香香邅岸西有赫赫诸 | □北帝岩岩之岭但殒亡者驾驹仆使 | □淹魂归冢下移眼宸々幽侧长居泉 | 下永扇清风嶽々孤坟终魂往托呜 | 呼哀哉葬于斯墓 |

《□海悦墓志铭》（一一一） 二〇

高一尺一寸四分，广一尺一寸，厚一寸二分。九行，粉格，朱书。出吐鲁番阿斯塔拉古坟茔。

乾封二年岁次丁卯□ | 月壬戌朔五日景寅□ | □海悦者西州高昌县人也斯乃□性淳□景 | 行修洁宜近邅寿中维 | □章春

秋卅有二掩然｜殒逝即以其日殡葬斯｜□宗族号咷乡闾痛惜｜
□□哀哉颂之云尔｜

按乾封二年正月壬戌朔，月上当为"正"字。

《曹怀明妻索氏墓志铭》（一一二） 二

高一尺一寸五分，广一尺一寸三分，厚一寸二分。十三行，朱书。出吐鲁番雅尔湖沟西曹茔6。

维大唐咸亨五年岁次壬午二月□□□□｜六日戊寅前
□□曹怀明妻索氏讳□□春｜秋七十有二卒少禀生知早怀令
闻为人□｜志懂卓无同亲族之楷模乡闾之轨则磨而不｜磷
涅而不□松柏不比其贞冰玉无方其洁既而｜魂驰西景魄惊东
流名与风腾隙驹难住｜致使绝人伦之轨则朝野之失楷模贵
闻者哭于｜宫高睹者悲于室呜呼哀哉乃为铭曰｜人非金石祸
故无常嗟兹亡妇秋叶凋霜身随烟灭名与风翔同生隔死天命难
量昔与人处今与｜鬼居生死既异□□□□不见白日空卧丘垠
甘从灰｜灭□□□如殡埋时讫回驾言皈何愁不生何患不□｜
□□□□□□□□□□□□□□□□□□｜

按此砖字迹模糊，不尽可辨。但初出土时较现在可识者为
多。今本初出土时记录校正。旁加圆点为记。惟"咸亨五年岁
次甲戌"与此不合。按此行字迹本模糊，此处疑作"咸亨三年、
岁次壬申、二月朔癸亥、十六日戊寅"乃与《长历》合。

《唐谦墓志铭》（一一三，图版69） 五九

唐故西州交河县唐君志铭

君讳谦字护平阳人也古五帝唐尧之体胤也志｜表温宽性存

贞简履恭顺而匪倦昳忠让以无骤党 | 遂可称里尸嘉誉君幼彰游
艺长显景昌之功 | 情慕夷齐不美角袁之仕行藏之志可略言也祖
讳 | 谦任伪学博士三冬之暖久著为初五柳之才摽于兹 | 代父讳
明任伪学博士并门袭英风代传文石积 | 善之庆其在兹乎君谷性
自娱年余七纪不期 | 遘疾饵药无瘳忽尔弥加俄焉斯逝致使秦 |
和妙术寂寞无微医缓神功便成虚说粤以上元 | 二年十二月五日
寝疾卒于私第春秋八十有四即 | 以其年其月十日葬于交河县城
西原礼也呜 | 呼哀哉窆于兹墓 | 上元二年岁次乙亥十二月庚午
朔十日题 |

《王康师墓志铭》(一一四)　三七

高一尺一寸七分。广一尺一寸七分。厚一寸三分。十三
行，朱书。出吐鲁番雅尔湖沟西王茔3。

维大唐仪凤三年岁次戊寅正月乙未□□ | 庚申交河城人王
康师春秋六十有六卒呜呼哀哉少禀志节懂卓无阿外取赞于忠懃
□ | 名于养乡城领袖宗族轨模老弱慕其能 | 长幼遵其德既而魂
驰西景魄惊东流名 | 与风腾形随烟灭灵台迥朗神鉴清高 | 耳闻
者丧其心目睹者摧其骨呜乎 | 哀哉乃为铭曰 | 人非金石祸故无
常嗟兹匚父秋叶 | 凋霜身随烟灭名与风翔既生有□□ | 命难量
龙辒遵路素盖陬□□□ | 地户践生灵泉呼之不应□□□ | 于□
视棺□抚心自□□□ |

按刘羲叟《长历》唐仪凤三年正月朔作戊午，此作乙未，
"乙"疑为"己"字之误。误差一日。朔日为己未，则二日为
庚申。故"庚"上当为"二日"二字。

《赵贞仁墓表》（一一五） 七八

高一尺一寸二分，广一尺一寸二分，厚一寸四分。四行，墨书。出吐鲁番雅尔湖沟西赵茔3。

惟大唐仪凤三年岁次戊 | 寅交河城人赵贞仁春秋 | 年可廿有九其年五月 | 景辰朔廿七日酉时身亡 |

《唐思文妻张氏墓表》（一一六） 一〇九

高一尺一寸五分，广九寸弱，厚一寸三分。五行，朱书。出吐鲁番雅尔湖沟西唐茔8。

维永淳元年岁次壬午□□□ | 五月癸巳朔十三日乙巳西州 | 交河县人唐思文妻张氏 | 春秋廿有五以其年五月 | 十五日葬于城西原礼也 |

《氾建墓志》（一一七） 一二六

高一尺一寸三分，广一尺零八分，厚一寸三分强。十四行，粉格，朱书。出吐鲁番阿斯塔拉古坟茔。

维大唐垂拱二年岁次景戌九 | 月辛巳朔西州高昌县前庭府 | 队正上骑都尉氾建□铭讳□ | 窃以二仪应表惠照郡萌鹄树 | 辗光显逍品物真容出代组绶 | 门传不谓妙体分留玄潜永息 | 灵诚终始遐畅久臻一没长泉 | 令名居代在生养性幽让魂犹长 | 誓循文登神净业德苞往右道习 | 依仁墓继招宗托隆三界殊路有异哀 | 灼伤心痛割崩罪不胜擗踊春 | 秋六十有巳七月十二日深患廿二日緫 | 悌用今月十七日葬在于城东北 | 原礼也孤子氾神力墓志 |

按垂拱二年为丙戌，高昌唐代墓表，凡干支为丙多作景，如《赵贞仁墓表》"五月景辰朔"当作"丙辰";《□海悦墓表》"五日景寅"当作"丙寅";《刘土恭墓志铭》"乾封元年岁次景寅"当作"丙寅",盖避李昞讳也。惟《刘住隆妻王延台墓志》"显庆五年岁次景申"当作"庚申"。又按垂拱二年九月朔,刘羲叟《长历》作戊戌,此作辛巳误。

《康富多夫人墓志铭》(一一八,图版70) 一二七

盖闻灵要率周是称六 | 合坤仪之际斯异发华以 | 霆祭昭于家檀休明者剾宅 | 是以今日康富多夫人康氏以 | 十月廿四日亥时崩愕栖宿之 | 情无之有也已取其月卅日 | 卯时葬于邦东荒野造□ | 墓然以龙辆既动犹子竭 | 情辫踊啼悲哽咽不返但以 | 久真幽暗载出无期故述 | 其文已明后矣也 | 神龙元年十月卅日墓铭 |

《唐神护墓表》(一一九) 一一八

高一尺零八分弱,广一尺零五分,厚一寸一分。一行,右侧刻字填朱。出吐鲁番雅尔湖沟西唐茔13。

师唐神护

按此砖与图版六〇同出于沟西唐茔13当是同志一人。彼作"岸头府检师唐神护"。此处疑有脱文。

《刘□□墓表》(一二〇) 一〇四

高一尺零七分,广一尺零七分,厚一寸三分。五行,朱书。出吐鲁番雅尔湖沟西古坟茔。

镇西府内主簿刘 | □□□□□□□ | 岁御鹈尾望舒建 | 平寿星十日乙卯朔 | 以申时卒于墓 |

《史建洛妻马氏墓志》(一二一) 一二八

高一尺二寸，广一尺二寸，厚一寸四分。八行，粉地，墨书，墨格。出吐鲁番阿斯塔拉古坟茔。

□□□□□□□□□□□□□□□□ | □□上柱国史建洛妻马氏终于节义垅□□ | □其月柒⊙葬于城东旧茔礼也春秋叁 | 拾有捌夫一生性怀贞敏志协温恭齐眉之礼夙 | 彰捧心之风弥着门同秦晋族类潘阳掩膏 | □而长辞靡魂香而难返哀子嘉峯举 | □泣血摒踊绝浆心摧如半死之桐志痛 | 若□心之草乌呼哀哉慈容永谢 |

《张季宗及夫人宋氏墓表》(一二二) 五

高一尺二寸四分，广一尺二寸强，厚一寸五分。三行，朱书。出吐鲁番阿斯塔拉古坟茔。

河西王通事舍人 | 敦煌张季宗之墓 | 表夫人敦煌宋氏 |

附：别体字通检

四画

月匣121. 氏氐13.14.20.45.60.63.67.72.95. 氏21.26.36.38.39.53.59. 96. 氏22.27.30.40.41.42.43.44.46.47.48.50.51.52.55.58.61.65.69.70.71.81.82. 83.84.86.91.97.102.118.106. 卅卅48.49.51.52.53.54.55.56.60.64.70.85.97卅118. 卅62. 卅109. 弔弟4.6.9.11.34.

五画

左尢90. 卯邜12.14.19.21.27.52.53.64.68.69.76.81.82.83.84.88.90.97.111. 118. 戊卢64.65. 戉115. 卅卅11.50.58. 卅111. 卅44. 卅57.

六画

戌戉1.86. 戉15.18.20.31.42.48.64.95.91.101. 戌104. 亥宄70.77.101. 亥 113.118. 宄1.7.11.23.26.33.34.35.36.49.50.51.58.79.80.83.84.85. 延延19. 32.37.38.39.41.42.44.45.47.61.63.65.66.92. 年牟19. 牟28. 牟1.2.4.5.12.16.17.18. 21.24.27.29.31.35.36.38.43.45.46.54.55.59.60.63.64.65.66.67.68.70.71.73.74. 75.77.82.92.93.94.95.96.97.98.99.100.105.109.112.113.114.115.116.117. 牟 5.6.7.8.11.13.56.79. 牟101. 牟12.14.15.20.22.23.25.26.35.37.38.39.40.41. 42.44.46.36.43.48.49.51.52.57.61.62.69.72.76.78.80.81.83.84.85.86.87.88. 89.90.91.102.16.107.110.111.118. 羋10. 季30.32.34.50. 夷夷115. 汜汜108. 那邢32. 邮10. 郍109.

七画

辛辛77.95. 辛12.19.25.27.30.35.36.37.57.58.66.68.69.70.76.78.82.83.84.88.
95.97.106.117. 攸攸110. 初衵42. 沈浣19. 妻妻24. 霎102. 酉酒115. 灼
炏117.

八画

朋用54. 呼呼107.102.112. 狐狐21.60. 参叅121. 叁100. 析枅18. 虎
虎5.6. 虎27.35.42.44.37.43.55.58.91.卒平18. 平25.27.72.78.103.113. 卒112.
卆3.5.6.7.11.13.28.32.35.33.55.91.94.110.120. 建建8. 剄剄64.71.76.81.82.
85.87.90. 剄68.70.72.81.83.84.86.89.91.92.93.94.95. 疺65.67.69. 踩
96. 封對99.100.110.111. 旻旻4. 孟盂6. 益15.65. 益18.36.50. 孟100. 岸
埠23.25.26.44.51. 片110. 坏92.

九画

英英55. 萸98. 哀衰102.113.117. 糸105. 宼110. 庭痓117. 哉哉102.
105.110.112. 哉103.106.111.113.114.121. 枢柩27. 胤胤71. 胤113.

十画

兹兹113. 染渫106.110. 娄娄18. 袁袤8.12.20. 索紮1.14.27.41.53.
112. 紮19. 师帅97. 陆119. 唐唐117. 邕邕39. 悛悛34. 朔1.2.3.4.5.7.8.
9.10.11.12.14.16.17.21.23.26.27.29.30.31.32.33.34.35.36.38.39.40.
41.42.43.46.47.4.49.51.52.53.54.55.56.57.58.59.60.61.62.63.64.
65.66.67.68.69.70.71.72.74.76.77.78.79.81.82.83.84.85.86.7.88.89.90.91.
92.93.95.96.97.98.99.100.101.102.103.104.106.108.113.115.116.117.120.
朔111. 朔2.6.20. 逝誓117. 擅101

祭祭17. 祭49. 焉 焉113. 鴍75. 娳焸18. 聚19. 望淫18. 皇19. 寅寅
10.38.42.54.70.99. 寏96.103.110.112. 修脩111. 乾乹111. 乿110. 族族
106. 族121. 崩崐117. 甪118. 处冡31. 将将2.3.7.14.21.22.25.26.27.36.
37.42.43.44.52.53.57.67.68.88.89.93.95.96. 將3.5.35.91. 將86. 將77. 將
60.81.82.83. 乡鄉99. 鄉105. 鄉108. 鄉111. 鄉54. 鄉106. 参桼4.8.11.12.
14.18.21.22.23.26.28.38.39.41.48.55.56.61.65.72.76.87.92.49.50. 桼1. 桼94. 彖
19. 桼12.95. 柔14. 率嶂118. 国圙121. 御泍18.22. 泍120. 泍19.

咷唬111. 舒舒120. 愕諤107. 訾訾18.19. 岁烖101. 胜朕58. 朕117.
遏遏110. 邋111. 遏117. 曘101. 绝危121. 散散52. 毅3. 毅22. 散25. 散
103. 散30. 痛廌117. 割割117. 丧甚48. 區93. 匡10.41.44.47.50.52.53.64.
65.66.67.68.69.70.71.94.110.114. 厔46.64.95.103. 无无112. 为焉68. 敦
燉5. 燉122. 毅25. 畯畯115. 棗棗99.

嗟嗟112. 弃棄103.108. 奈106. 新薪78.93. 新22.40.49.59.71.95. 殿
鑿2.3. 号骄106. 骄111. 禀稟108. 稟112. 菓114. 葬葬78.87.102.108.111.113.
塋5. 塋22.23.27.52.55.66.69.70.71.72.76.77.82.88.93.94.96.97.98.99.101.
塋2.13.34.91.95.99. 罪100. 盝56. 呜乌102.

宁寧109. 墓壏109. 寿壽111.120. 壽5. 惕惕54. 褐衱108. 漆湗103. 台
臺103. 臺106. 臺114. 寝寢6.11.18.32. 寢7.13.23.27.33.34.55.60.113. 寢
60. 宾賨110. 宾118. 偽爲115. 殒殞94. 殞95. 仆镤110.

十五画

仪儀103.117.118. 刘劉44. 劉120. 劉96. 劉106.110. 劉75. 迁遷17.
21.22.23.26.52.35.42.49.58.73.78.80.95. 养耄117.

十六画

穆穆20. 穆40. 曇曇108. 頴頴100. 衡衡100. 擅檀118. 儒儒34.

十七画

归歸110. 闹1. 鼃鼃16. 鼃42.72.74. 涅湼108. 湼112. 聰蕊99.100.

十八画

壁璧105.

十九画

殡壙99. 藝藝110. 翹趐49.78. 趐10.88. 麹40.47.70. 类類105. 怀
懷47.49. 疆疆98.

二十画

竞竞103. 擗躃117. 躃118. 擗121. 苏蕖38.

二十三画

籲籲117. 显 纈27.107. 顯99. 穎40.

二十四画

灵靈3.52.55.69.118. 靈22.68.70.72.76.91. 霛97. 霧98. 靄65.80. 靈
101. 靋96. 霅81. 靈19.23.27.64.67.71.82.83.84.85.86.90.94.95.89. 靈
93.87靈100.

待查别体字

　　嶨121. 丂117. 按疑为兮字　坄121. 坛字　舉28. 按疑为举字　泲
108. 梭97. 桉105. 按疑为校字　㺩59. 暢117. 讙113. 按疑为护字　幠96.
輀117.

附注：

1. 本表是根据《高昌专集》中之别体字，按笔画排列，以类相从；首字为正字，下为别体字，并每字下注明墓砖号数，以便检查。

2. 有正字尚未查出者，仅收别体字附后。

3. 别体字中有为武则天所制字者，如国作圀，月作匪等字，均不通行，故亦列入。

4. 别体字中有因同音而讹者，如逝作誓，退作暇，戊作茂，修作脩，酉作滔；均由上下文义决定之。

5. 别字中有因形近而讹者，如养作耄，沈作洗，亦由上下文义决定也。

6. 我所释墓砖中之别字，有与罗振玉《碑别》字所释不同者，如柩为枢，罗释作棺；耄为养，罗释作差；族为族，罗释作秩；歁为娸，罗释作聚，盖各据碑文本义而释，不能强其必同也。

7. 别体字中，有因笔画不同，而音读两样者，亦特别标出：如墓表中延昌有写作延昌；延和有写作延和者，延读如引，延读如征，故延和可能当时读作征和，今均列出，以备参考。至墓表中延昌有写作延昌；建昌有写作建昌者，只笔画微异，不发生音读差别，则概排正字，不录简体。

8. 别体字大多数为当时所通行的一种写法，但亦有保存古体者：如左作𠂇；年作秊；均极有意义，故均列入通检表中以资考证。

9. 墓砖中字体有作草书或简笔字为一般人所习知者：如𡨧（寂）、善（善）、龍（龍）、曺（曹）、苖（苗）、復（復）、謙（谦）、为（为）、尔（爾）、弥（彌）等字，均随文摹录，或改成正字，通检表中不另列举。

10. 墓砖中字体有因避讳而缺笔者：如民作𡰪，眠作昄，系避唐太宗讳，亦随文摹录以存真相，但不列入通检表中。

图　版

图版1

张归宗夫人索氏墓表

高一尺二寸弱，

广一尺二寸弱，

厚一寸。

三行，墨书。

出吐鲁番雅尔湖沟西古坟茔。

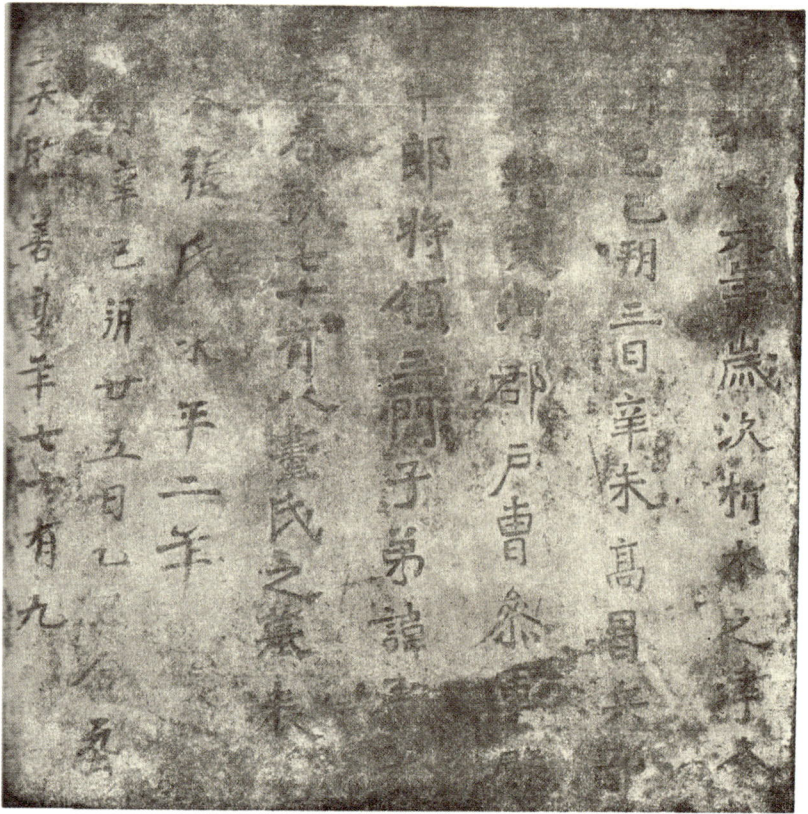

图版2

画承及夫人张氏墓表

高一尺三寸八分弱，

广一尺三寸四分，

厚一寸强。

八行，前五行刻字填朱，后三行朱书。

出吐鲁番雅尔湖沟西画茔1。

图版3

氾灵岳墓表

高一尺三寸五分弱，

广一尺三寸三分，

厚一寸一分。

七行，刻字填朱。

出吐鲁番雅尔湖沟西附王茔。

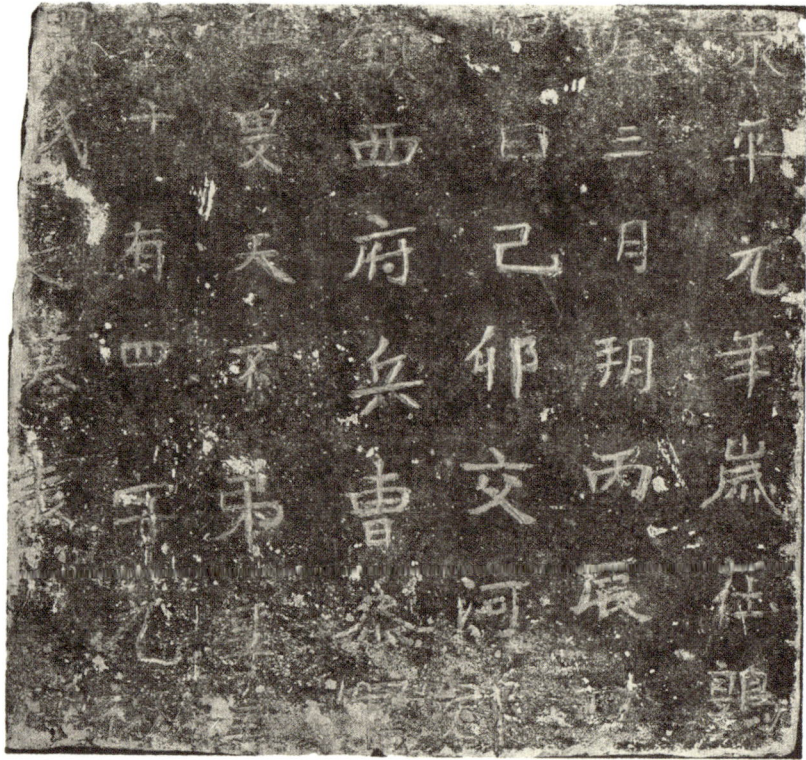

图版4

田元初墓表

高一尺二寸，

广一尺二寸五分，厚一寸六分，

七行，刻字填朱。

出吐鲁番雅尔湖沟西田茔1。

图版 5

氾绍和及夫人张氏墓表

高一尺二寸五分，

广一尺二寸弱，

厚一寸六分，

六行，前五行朱书，后一行墨书。

出吐鲁番雅尔湖沟西氾茔。

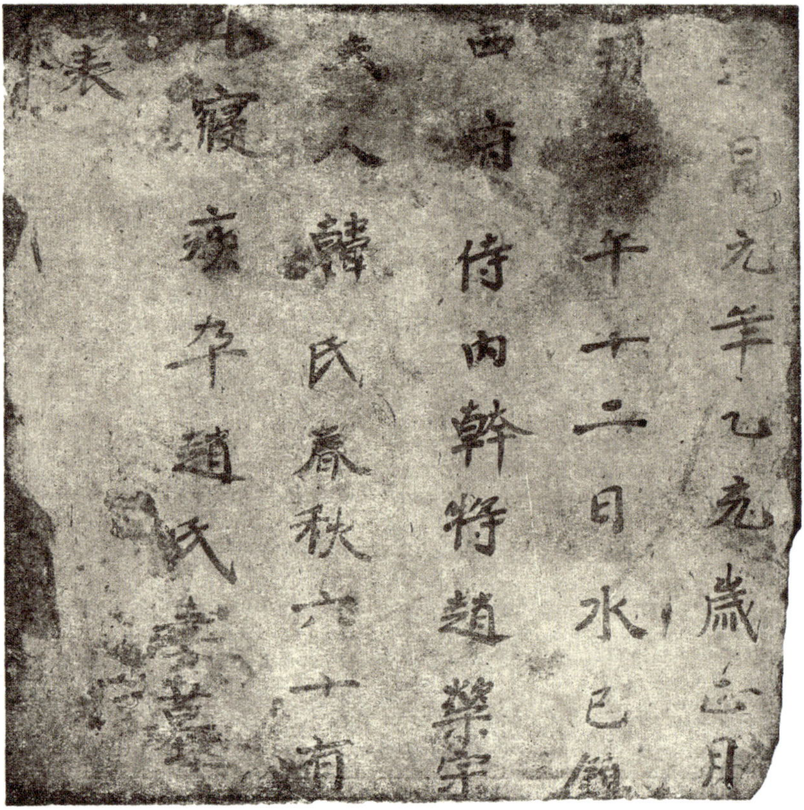

图版6

赵荣宗妻韩氏墓表

高一尺零五分，

广一尺零五分，

厚一寸一分强，

六行，墨书。

出吐鲁番雅尔湖沟西赵茔2。

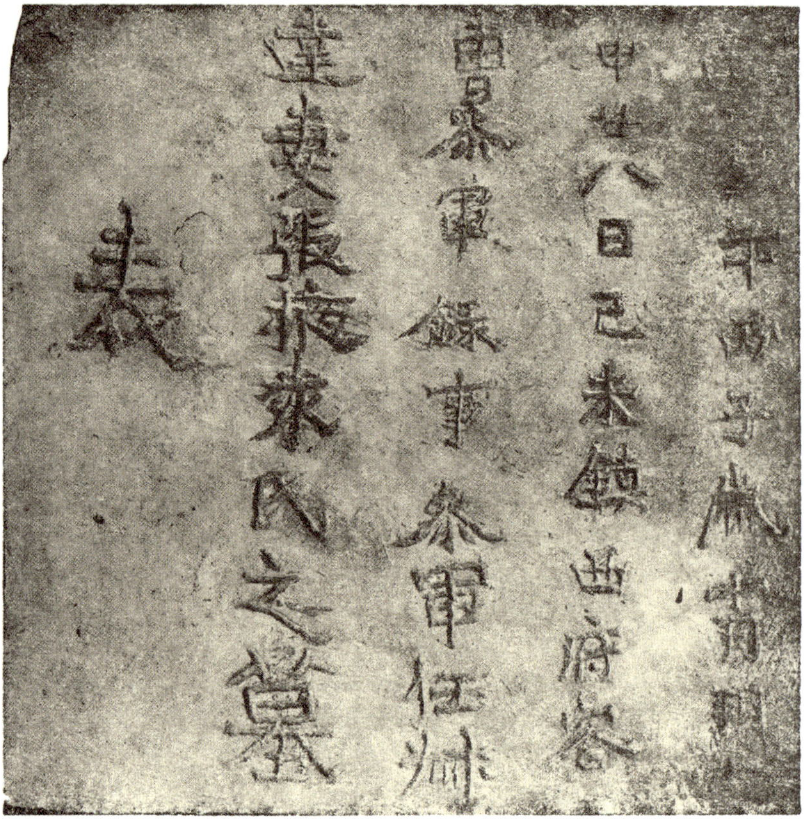

图版 7

任叔达妻袁氏墓表

高一尺零八分强，

广一尺零八分弱，

五行，刻字填朱。

出吐鲁番雅尔湖沟西任茔1。

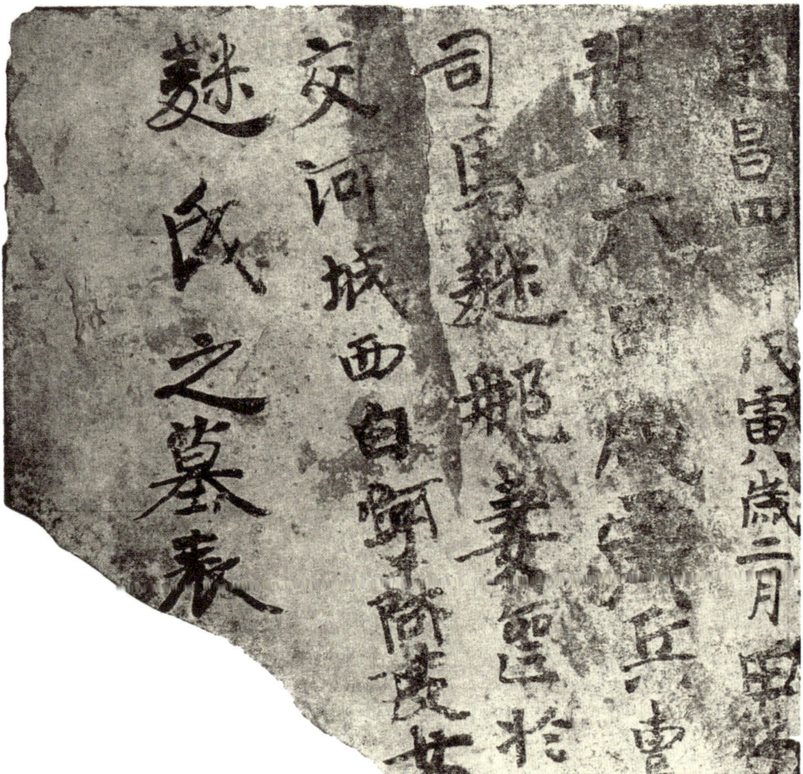

图版8

麴那妻阿度墓表

　　高一尺二寸一分，

　　广一尺二寸三分，

　　厚一寸一分，

　　五行，朱书。

　　出吐鲁番雅尔湖沟西麴茔1。

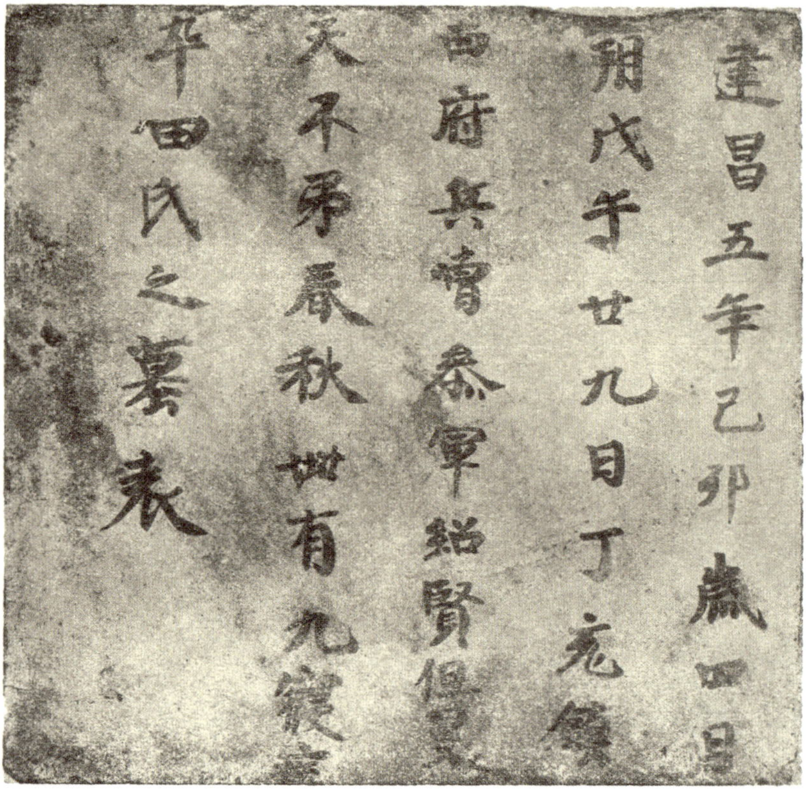

图版9

田绍贤墓表

高一尺零三分弱，

广一尺零三分，

厚九分强，

五行，墨书。

出吐鲁番雅尔湖沟西田茔2。

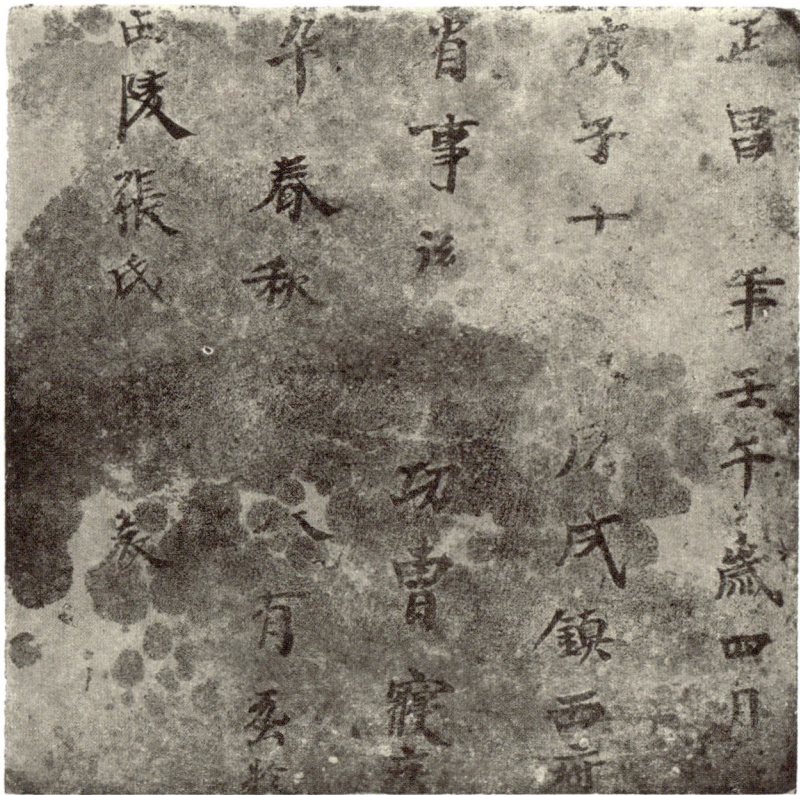

图版10

张氏墓表

高一尺强，

广一尺强，

厚一寸强，

五行，朱书。

出吐鲁番雅尔湖沟西附麴茔。

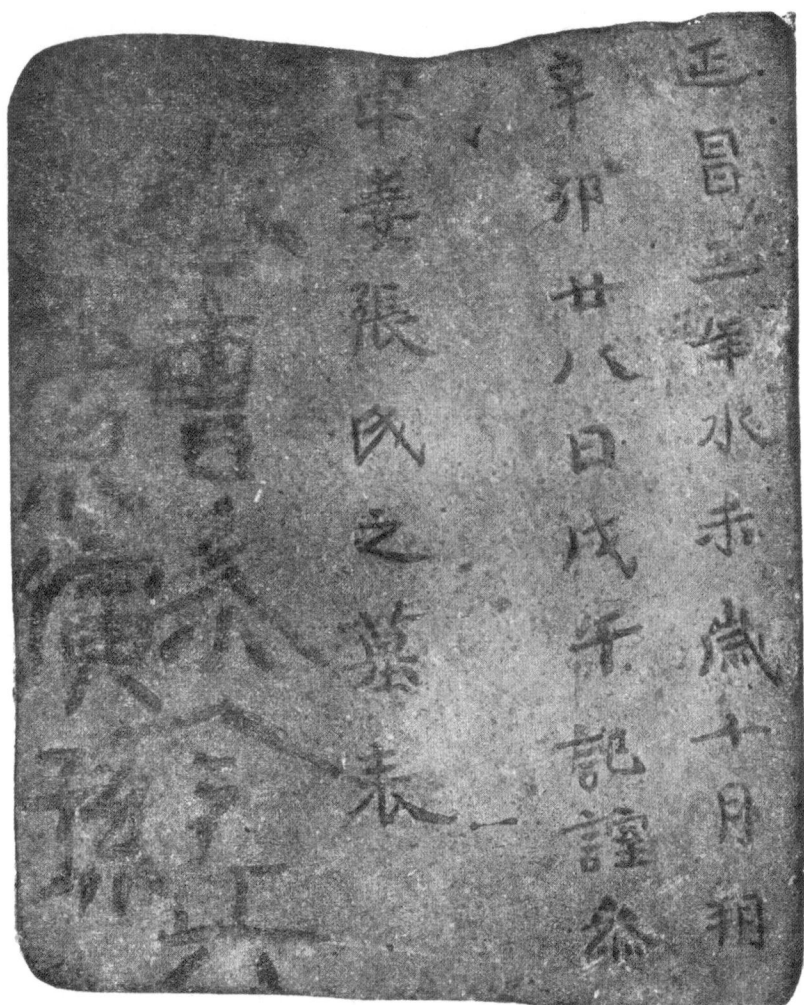

正昌二年水赤歲十月翔
辛邪廿八日戌午記謹㳂
�平妻張氏之墓表一

图版11

索演孙妻张氏墓表

高一尺，

广八寸二分，

厚一寸，五分，

五行，刻字，填朱。

出吐鲁番雅尔湖沟西附王茔。

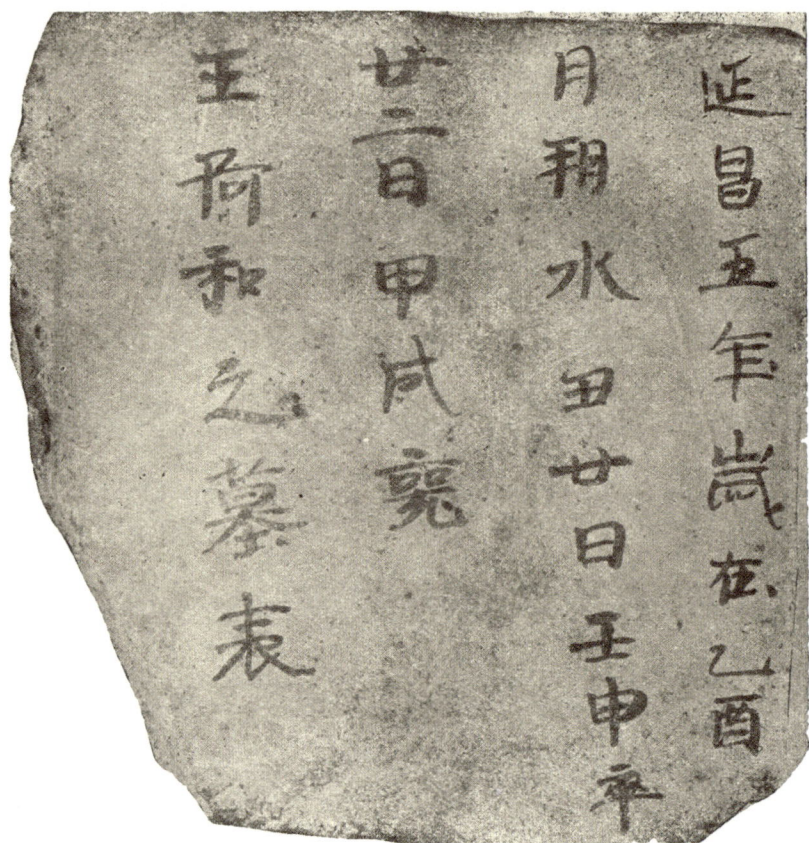

延昌五年歲在乙酉
月翔水田廿日壬申平
廿三日甲戌竟
王阿和之墓表

图版12

王阿和墓表

高六寸七分，

广六寸五分，

厚一寸五分，

四行，墨书。

出吐鲁番雅尔湖沟西王茔5。

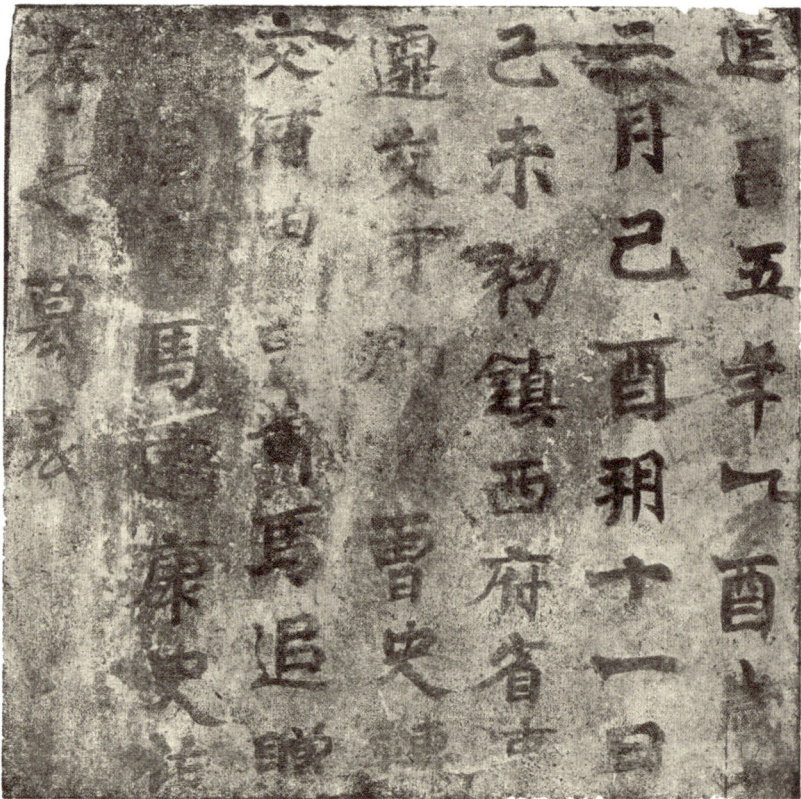

图版13

史祐孝墓表

高一尺二寸四分，

广一尺二寸四分，

厚一寸一分，

七行，朱书。

出吐鲁番雅尔湖沟西史茔2。

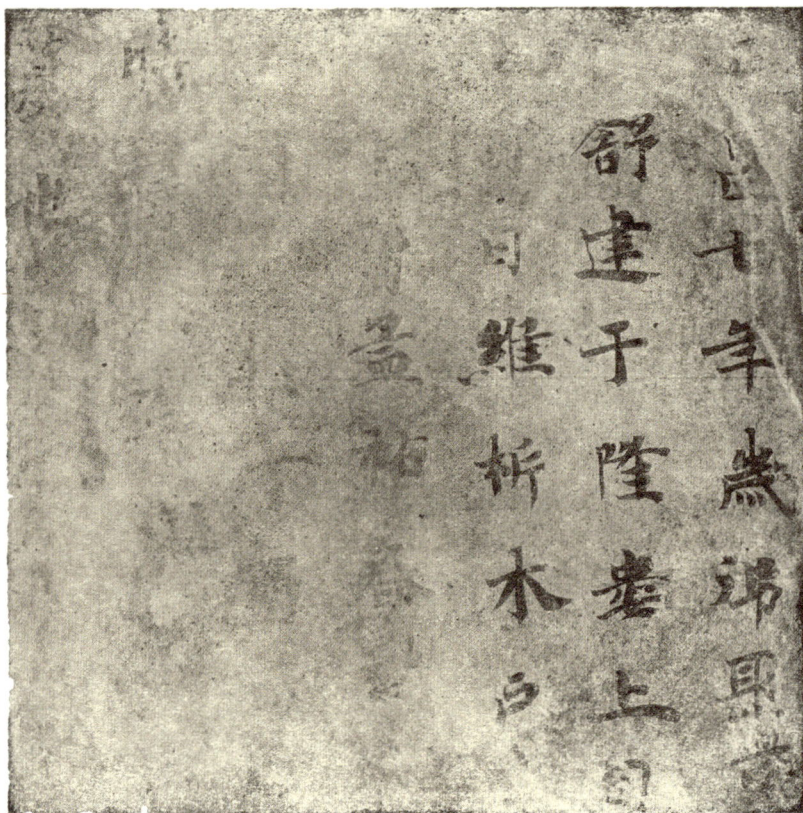

图版14

曹孟祐墓表

高一尺二寸五分，

广一尺二寸三分，

厚一寸三分，

七行，朱书。

出吐鲁番雅尔湖沟西附田茔曹1。

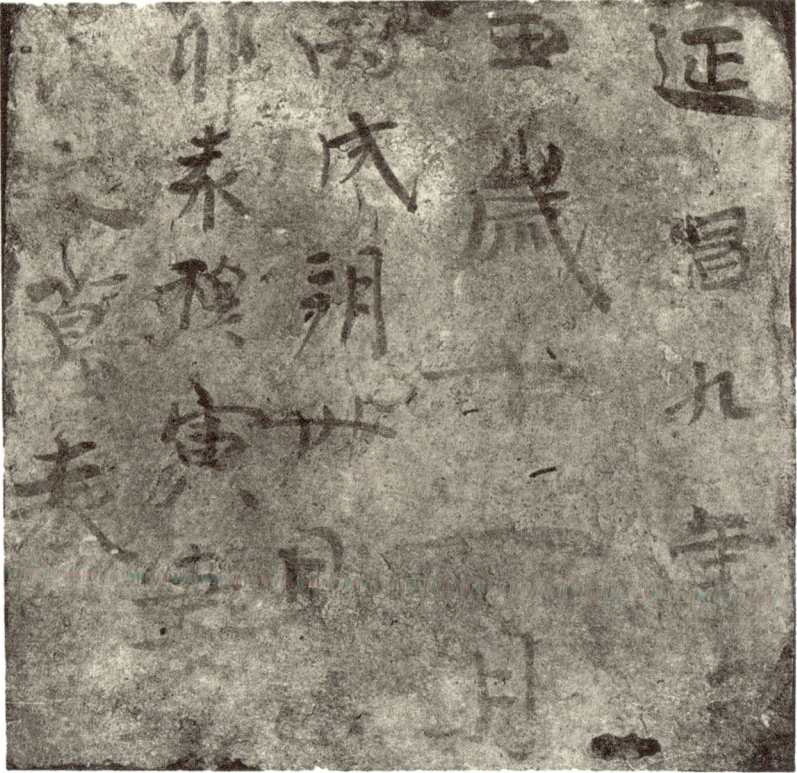

图版 15

袁穆寅妻和氏墓表

高一尺一寸三分，

广一尺一寸三分，

厚一寸五分，

五行，墨书。

出吐鲁番雅尔湖沟西袁茔2。

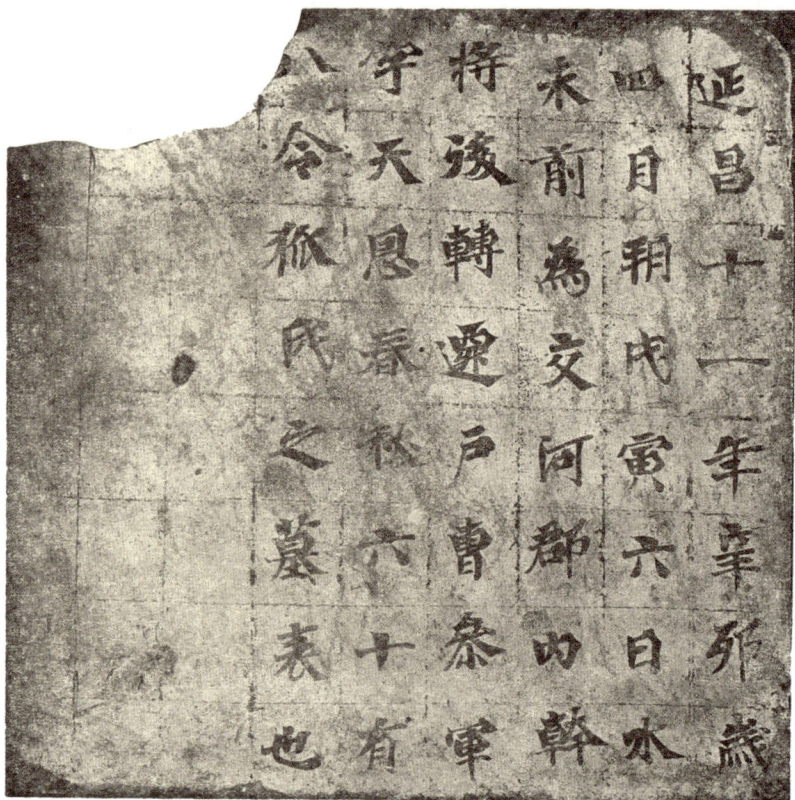

图版16

令狐天恩墓表

高一尺二寸五分弱，

广一尺二寸三分，

厚一寸四分，

六行，墨书，墨格。

出吐鲁番雅尔湖沟西古坟茔。

图版 17

高昌砖集

任□慎妻墓表

高一尺零六分，

广一尺零二分，

厚一寸一分强，

三行，朱书。

出吐鲁番雅尔湖沟西任茔10。

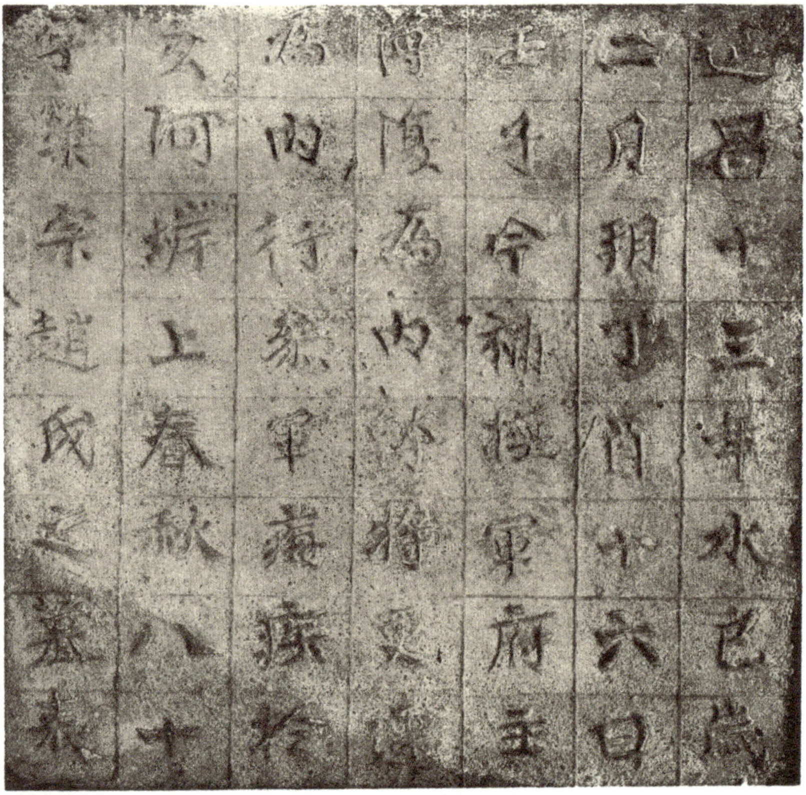

图版18

赵荣宗墓表

高一尺一寸九分，

广一尺二寸，

厚一寸五分，

七行，刻字，刻格，填朱。

出吐鲁番雅尔湖沟西赵茔2。

图版19

高昌砖集

索显忠妻曹氏墓表

高一尺一寸八分，

广一尺一寸七分，

厚一寸三分，

六行，朱书。

出吐鲁番雅尔湖沟南索茔1。

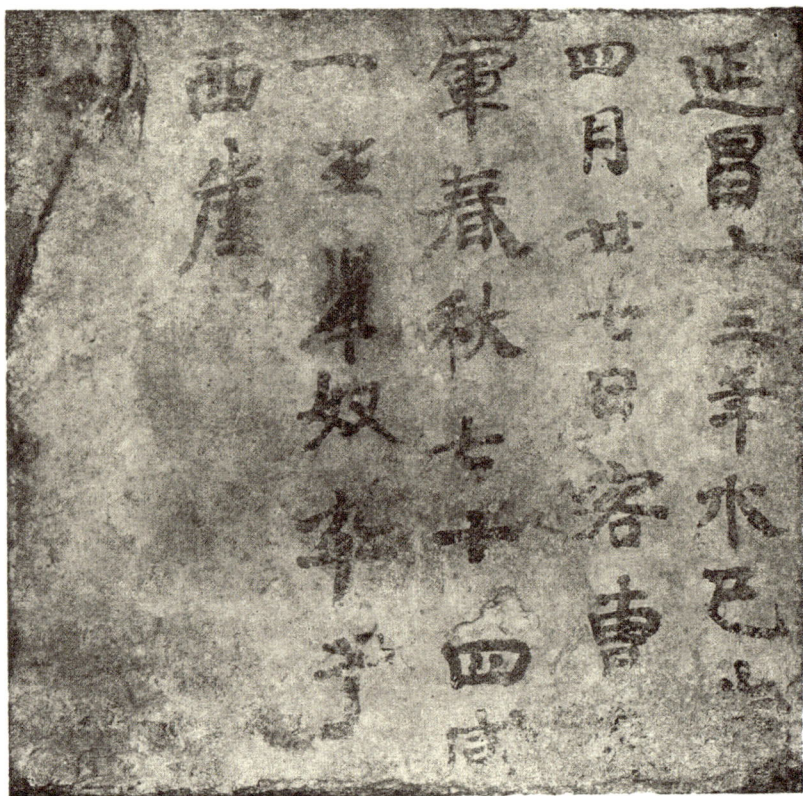

图版20

王举奴墓表

高一尺二寸二分，

广一尺二寸二分，

厚一寸五分，

五行，朱书。

出吐鲁番雅尔湖沟西古坟茔。

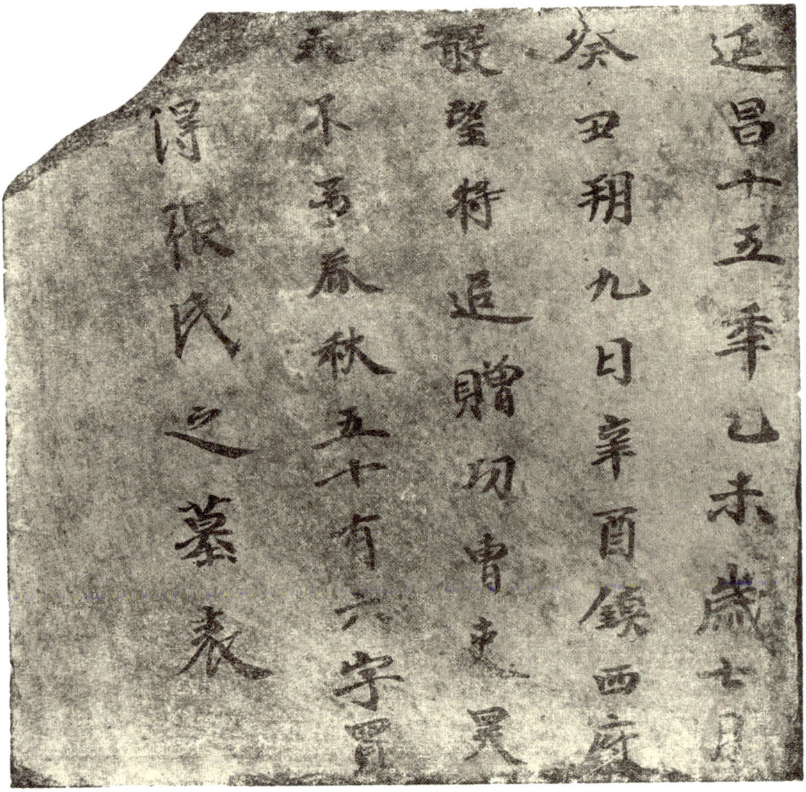

延昌十五年乙未歲七月

癸丑朔九日辛酉鎮西府

凝暉將迣贈功曹吏晃

天不弔臱秋五十有六字罡

浮張民之墓表

图版21

张买得墓表

高一尺零七分强，

广一尺零九分，

厚一寸三分，

五行，墨书。

出吐鲁番雅尔湖沟西张茔2。

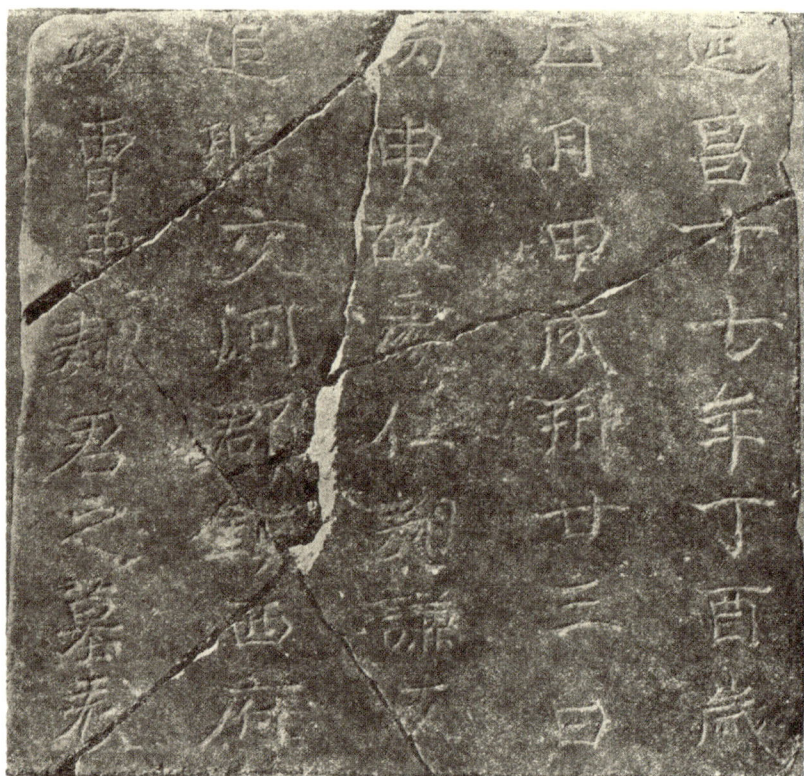

图版22

麴谦友墓表

高一尺二寸三分，

广一尺二寸三分，

厚一寸五分，

五行，刻字。

出吐鲁番雅尔湖沟西麴茔3。

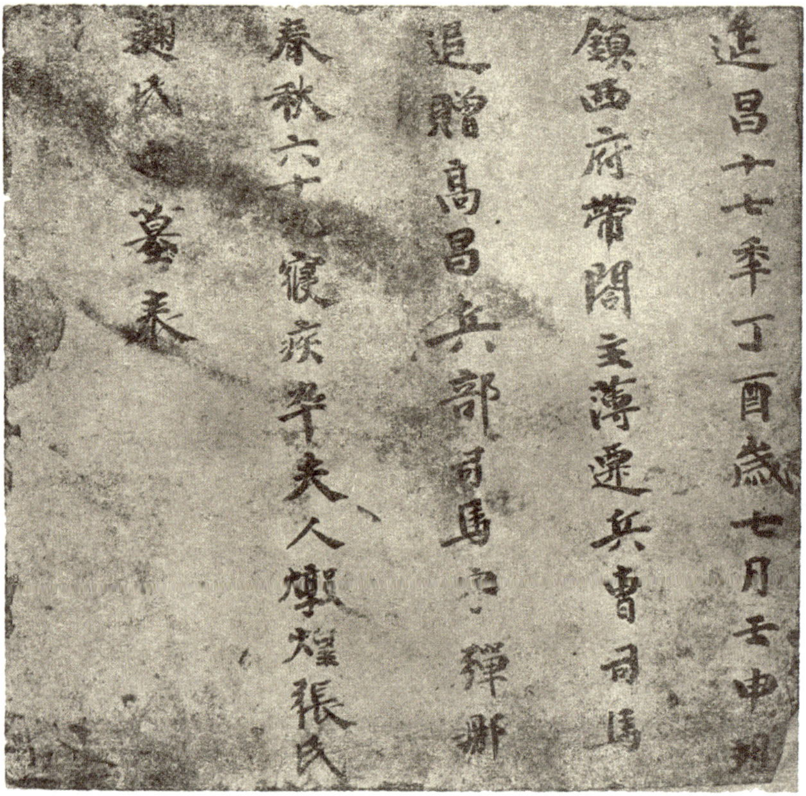

延昌十七季丁酉歳七月壬申朔

鎮西府帶閤主薄遷兵曹司馬

追贈高昌兵部司馬□禪□

春秋六十九寢疾卒夫人燉煌張氏

趙氏墓表

图版23

麴弹那及妻张氏墓表

高一尺零七分，

广一尺零七分，

厚一寸二分，

五行，墨书。

出吐鲁番雅尔湖沟西麴茔1。

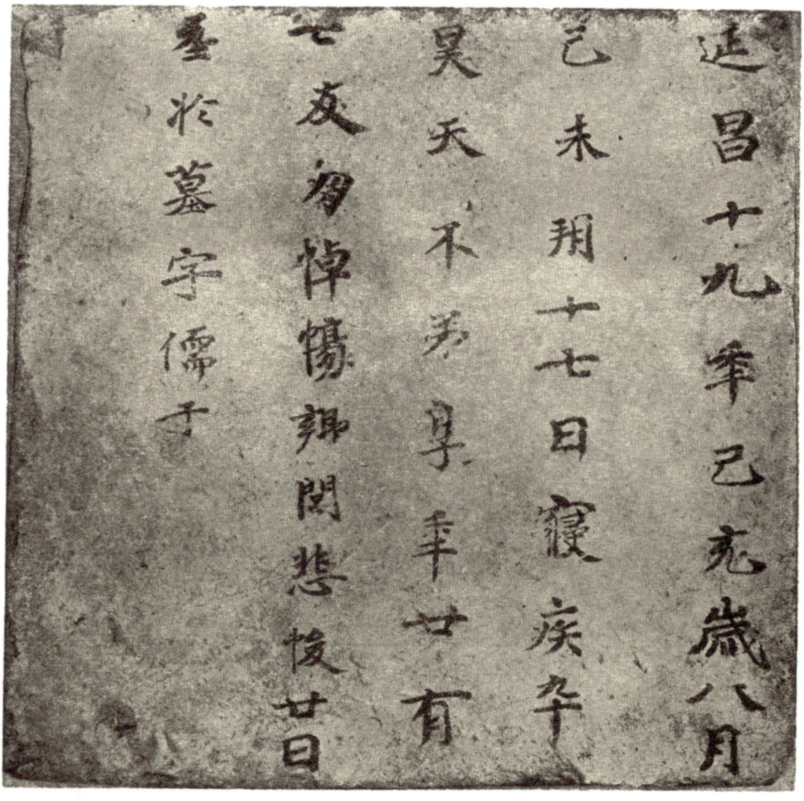

延昌十九年己亥歲八月
己未朔十七日寢疾卒
昊天不弔身年廿有
己亥勿悼傷辭閴悲悵廿日
墨於墓字儒子

图版24

儒子墓表

高一尺零八分，

广一尺零八分，

厚一寸二分，

五行，墨书。

出吐鲁番雅尔湖沟西画茔4。

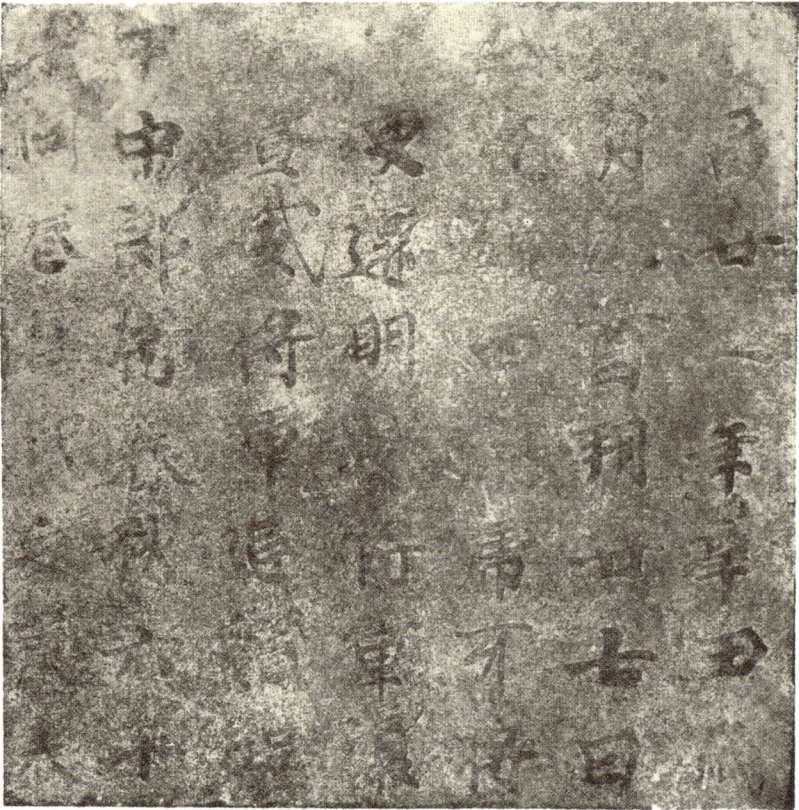

图版25

高昌砖集

马阿卷墓表

高一尺零二分强，

广一尺，

厚一寸一分，

七行，朱书。

出吐鲁番雅尔湖沟西马茔17。

图版26

王理和妻董氏墓表

高一尺零九分，

广一尺零八分，

厚一寸三分，

五行，朱书。

出吐鲁番雅尔湖沟西古坟茔。

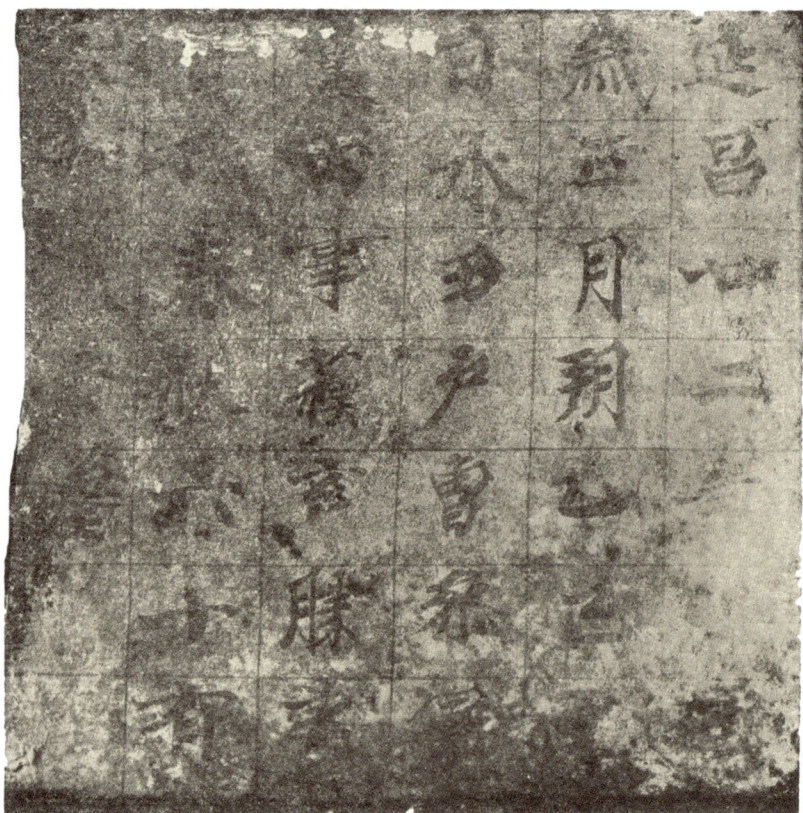

图版27

苏玄胜妻贾氏墓表

高一尺一寸四分，

广一尺一寸四分，

厚一寸二分弱，

六行，朱书，朱格。

出吐鲁番雅尔湖沟西附曹茔。

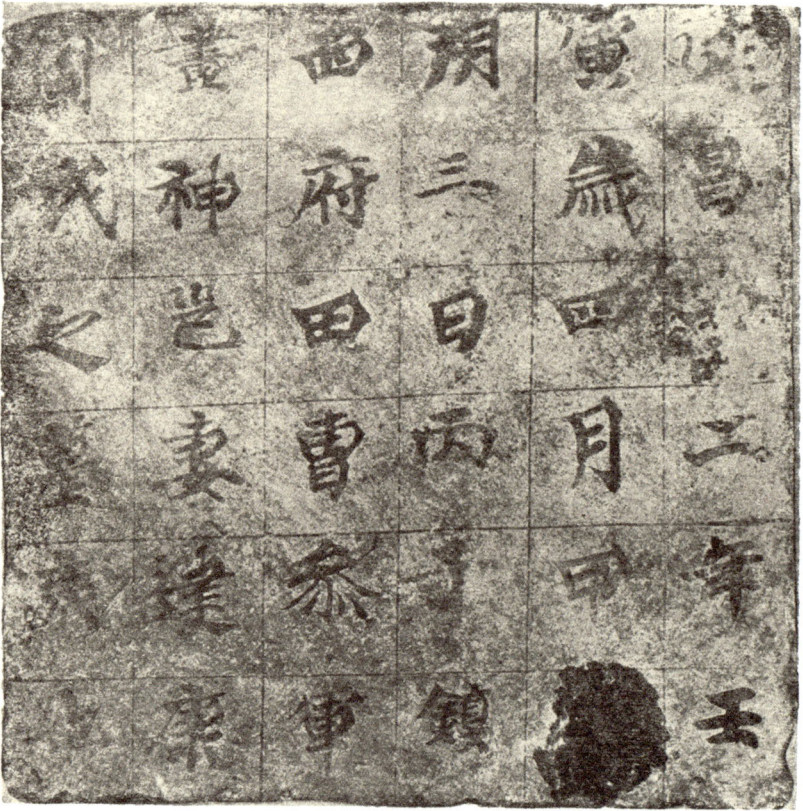

图版28

画神邕妻周氏墓表

高一尺零二分，

广一尺弱，

厚一寸三分，

六行，朱书，朱格。

出吐鲁番雅尔湖沟西画茔2。

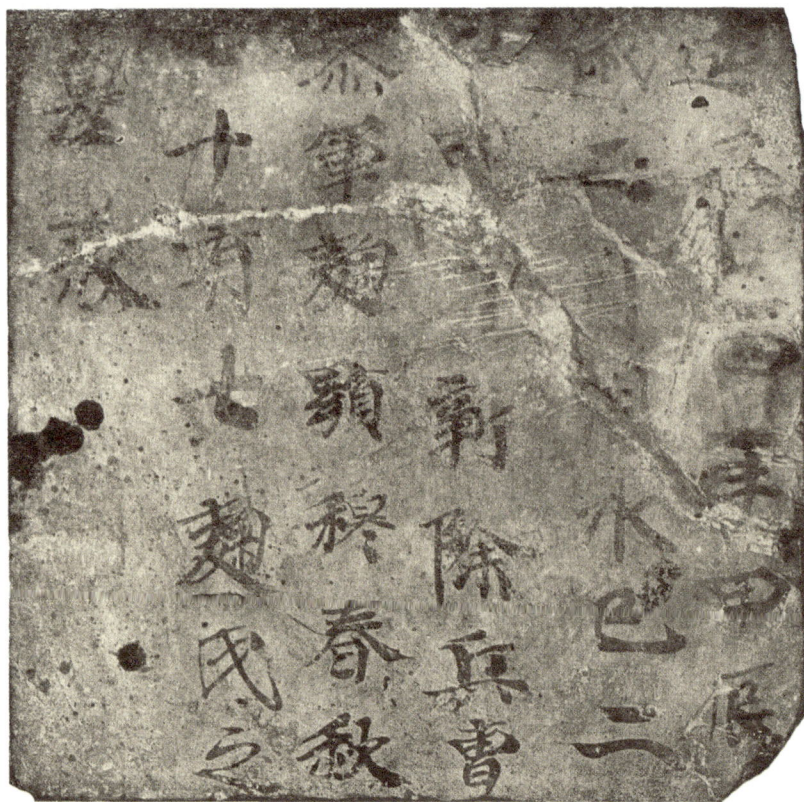

图版29

麴显穆墓表

高一尺零九分，

广一尺一寸弱，

厚一寸二分，

六行，朱书。

出吐鲁番雅尔湖沟西麴茔2。

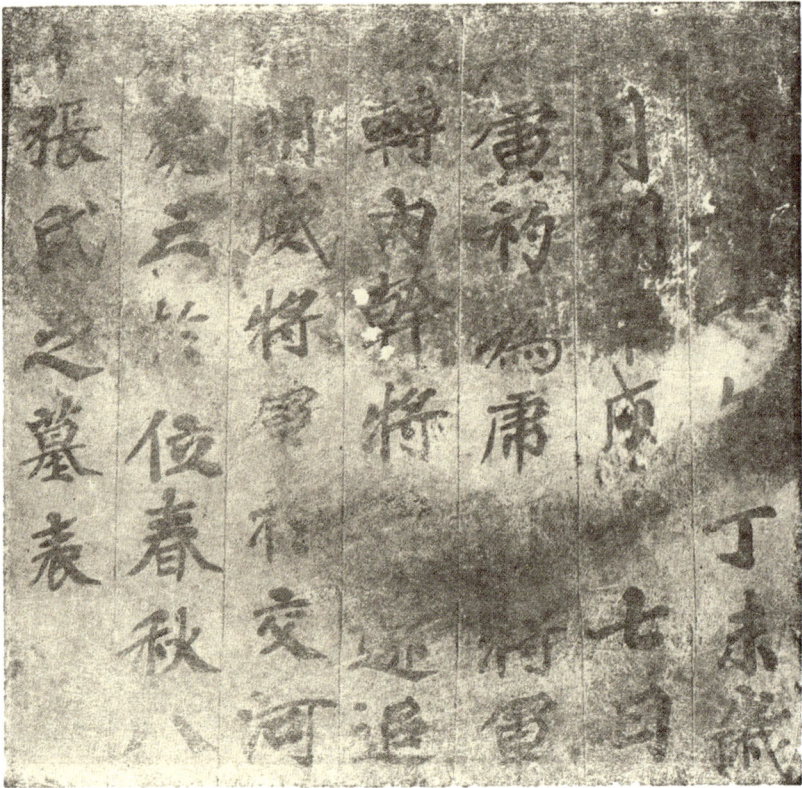

图版30

张氏墓表

高一尺零六分，

广一尺零六分，

厚一寸四分，

七行，朱书，刻直格。

出吐鲁番雅尔湖沟西古坟茔。

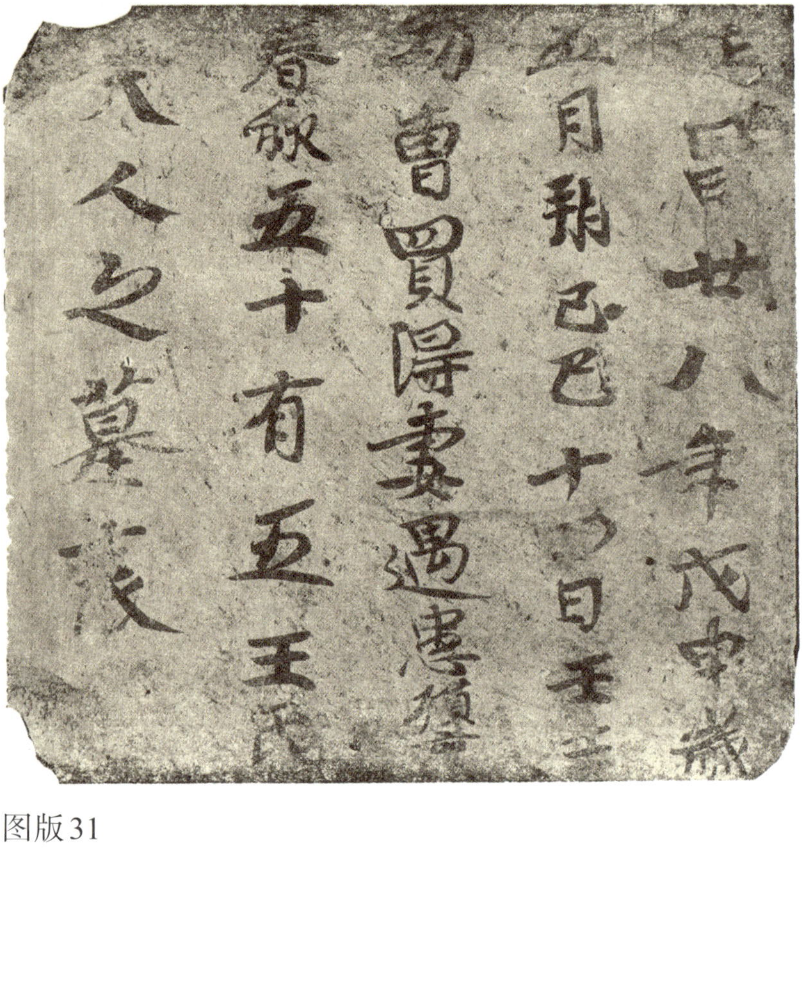

昌世八年戊申歲
五月翔巳巳廿□日壬
勿曹買歸妻遇患殞
春秋五十有五王氏
夫人之墓誌

图版31

买得妻王氏墓表

高一尺一寸五分，

广一尺一寸八分，

厚一寸二分，

五行，朱书。

出吐鲁番雅尔湖沟西张茔2。

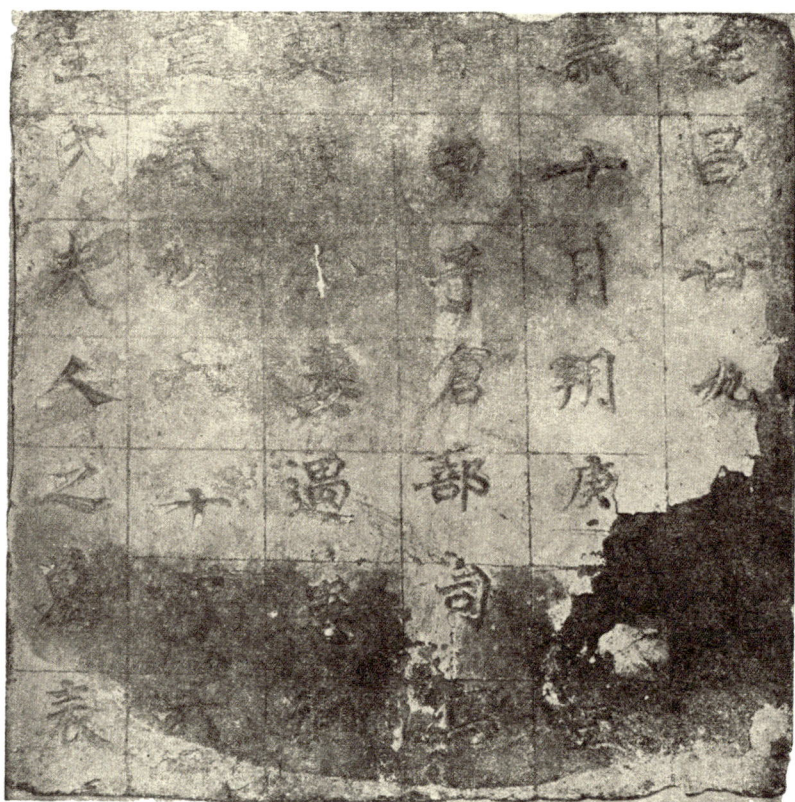

图版32

高昌砖集

麹怀祭妻王氏墓表

高一尺一寸四分，

广一尺一寸四分，

厚一寸一分，

六行，刻字，刻格，填朱。

出吐鲁番雅尔湖沟西麹茔1。

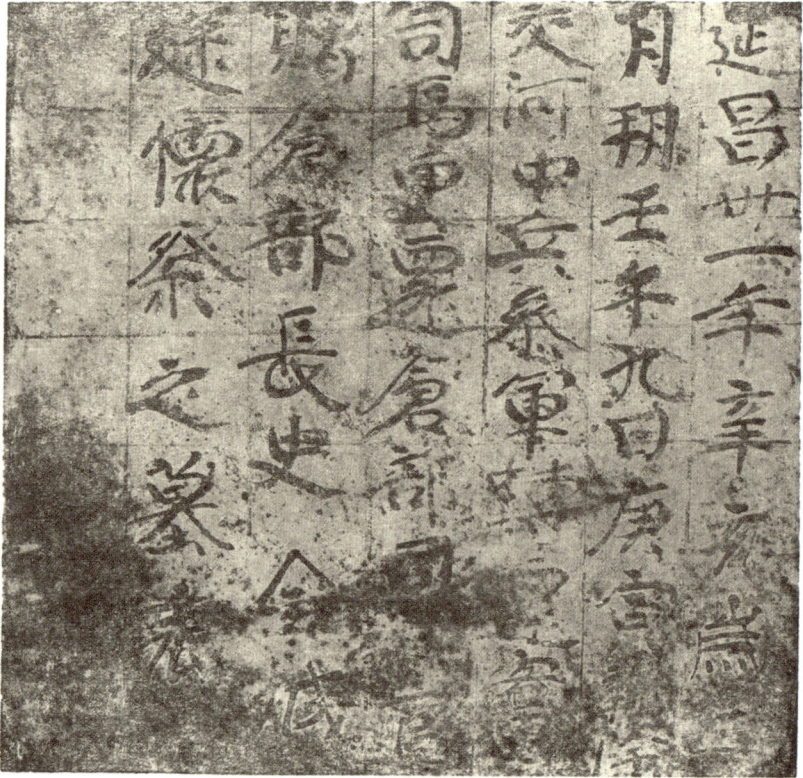

图版33

麴怀祭墓表

高一尺零二寸，

广一尺零五分，

厚一寸四分，

六行，朱书，朱格。

出吐鲁番雅尔湖沟西麴茔1。

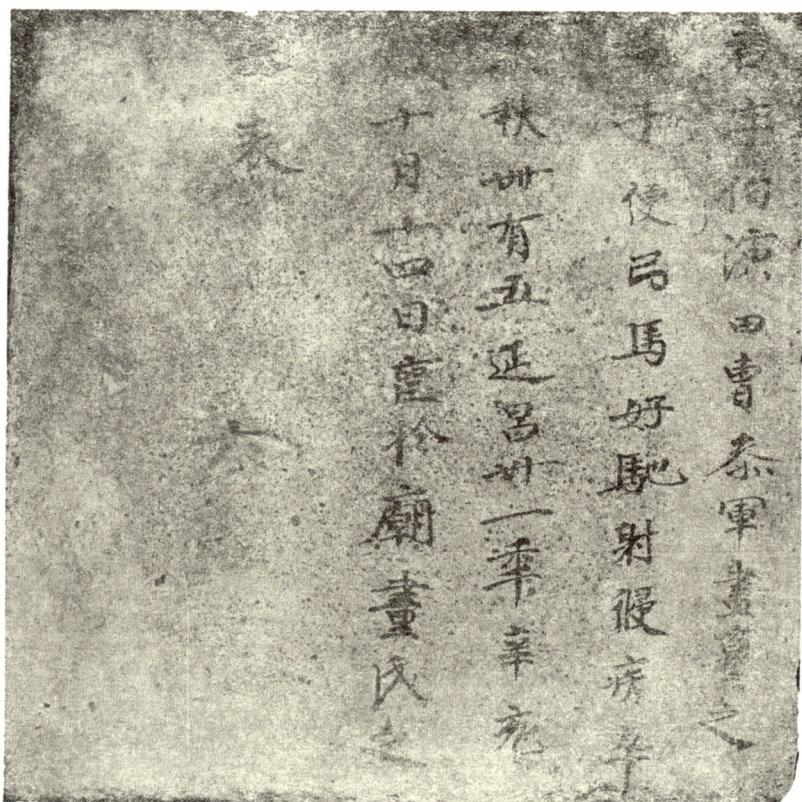

图版34

画伯演墓表

高一尺零四分，

广一尺零四分弱，

厚一寸二分，

五行，墨书。

出吐鲁番雅尔湖沟西画茔3。

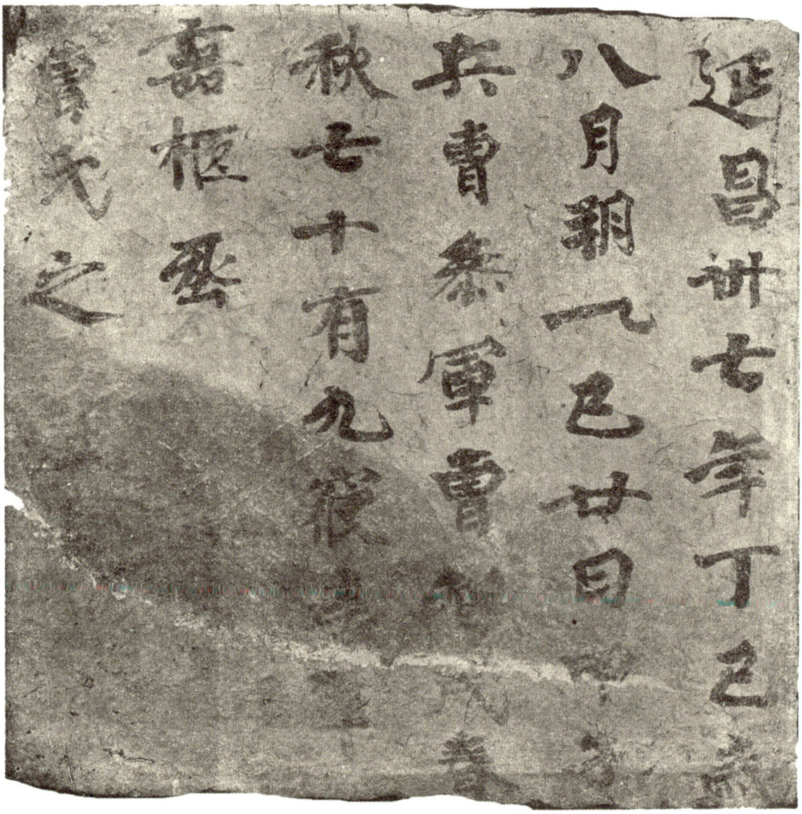

图版35

曹智茂墓表

高一尺二寸，

广一尺二寸，

厚一寸六分强，

六行，墨书。

出吐鲁番雅尔湖沟西曹茔1。

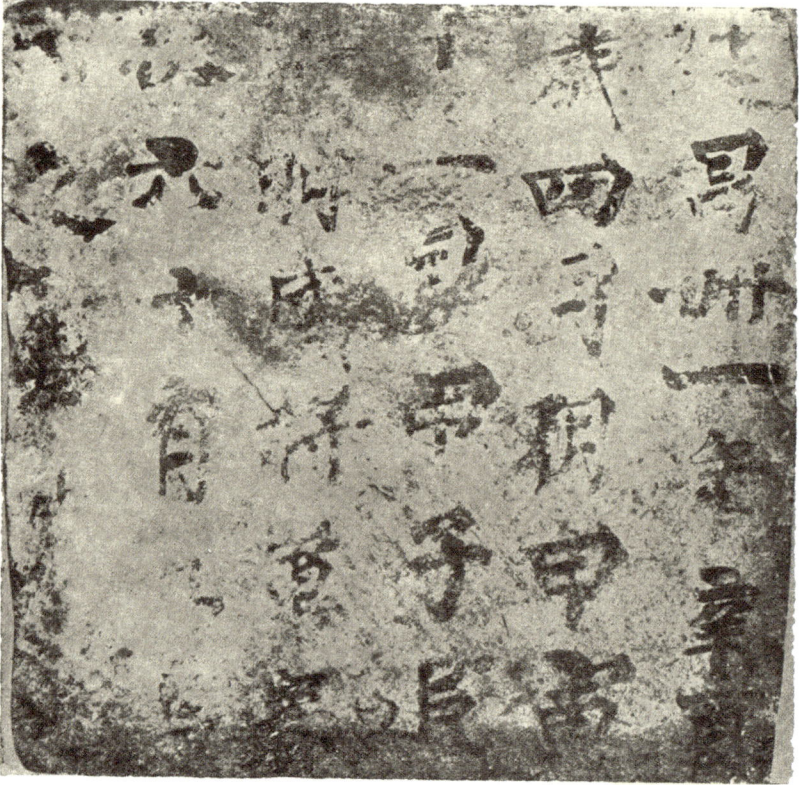

图版36

马氏墓表

高一尺一寸九分，

广一尺一寸九分弱，

厚一寸二分，

六行，朱书。

出吐鲁番雅尔湖沟西马茔18。

图版 37

索显忠墓表

高一尺二寸强，

广一尺二寸强，

厚一寸三分，

七行，朱书，朱格。

出吐鲁番雅尔湖沟南索茔1。

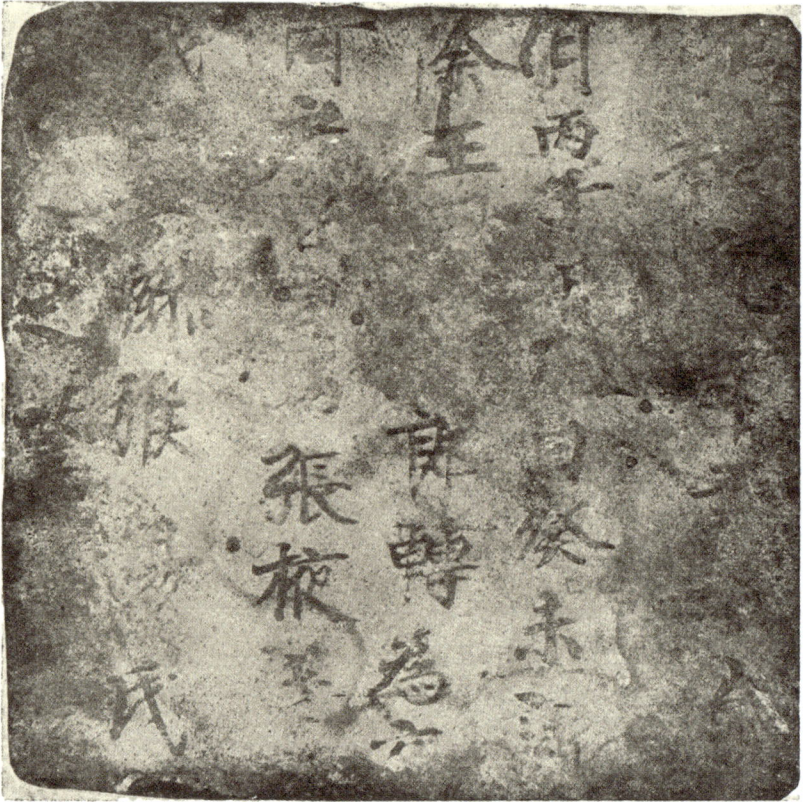

图版38

巩氏妻杨氏墓表

　　高一尺一寸三分，

　　广一尺一寸三分弱，

　　厚九分强，

　　六行，朱格。

　　出吐鲁番阿斯塔拉古坟茔。

图版39

唐元护妻令狐氏墓表

高一尺二寸，

广一尺二寸，

厚一寸五分，

五行，朱书。

出吐鲁番雅尔湖沟西唐茔3。

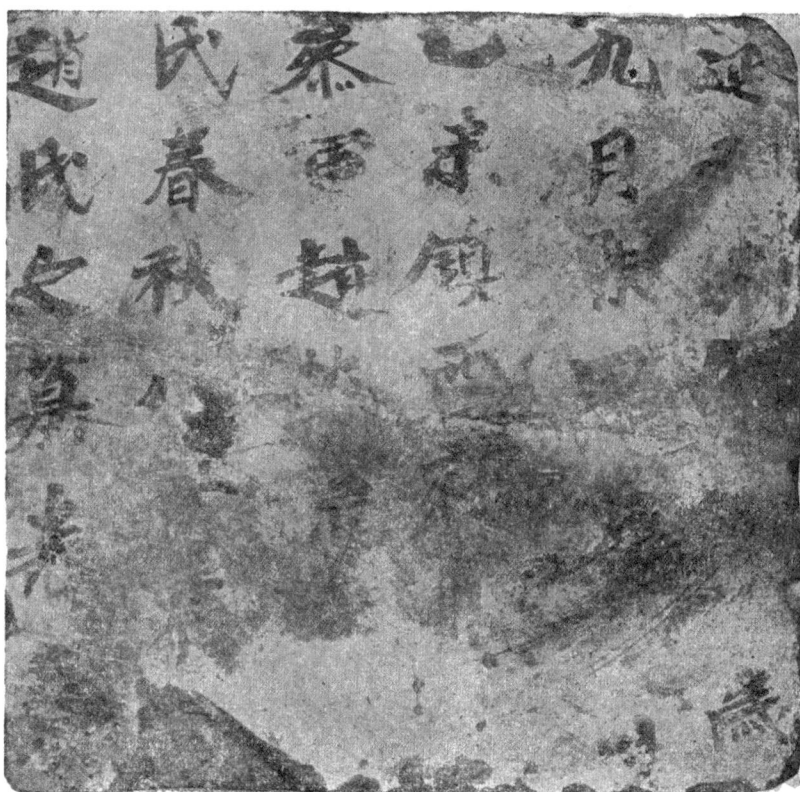

图版40

赵荣宗妻赵氏墓表

高一尺二寸强，

广一尺二寸强，

厚一寸强，

六行，朱书。

出吐鲁番雅尔湖沟西赵茔2。

图版41

　　　　　　　　　　　　　　　　高昌砖集

贾羊皮墓表

高一尺一寸强，

广一尺一寸，

厚一寸强，

六行，朱书，刻格。

出吐鲁番雅尔湖沟西古坟茔。

延和八年乙巳歲八月
朔乙亦十二甴丙午
鎮西府錄事參軍孟
子令於此月遇患
薨春秋七十以甍軍善□
殯塋於墓孟氏之墓塘

孟氏墓表

高一尺二寸六分，

广一尺二寸五分，

厚一寸四分弱，

六行，朱书，刻格。

出吐鲁番雅尔湖沟西孟茔5。

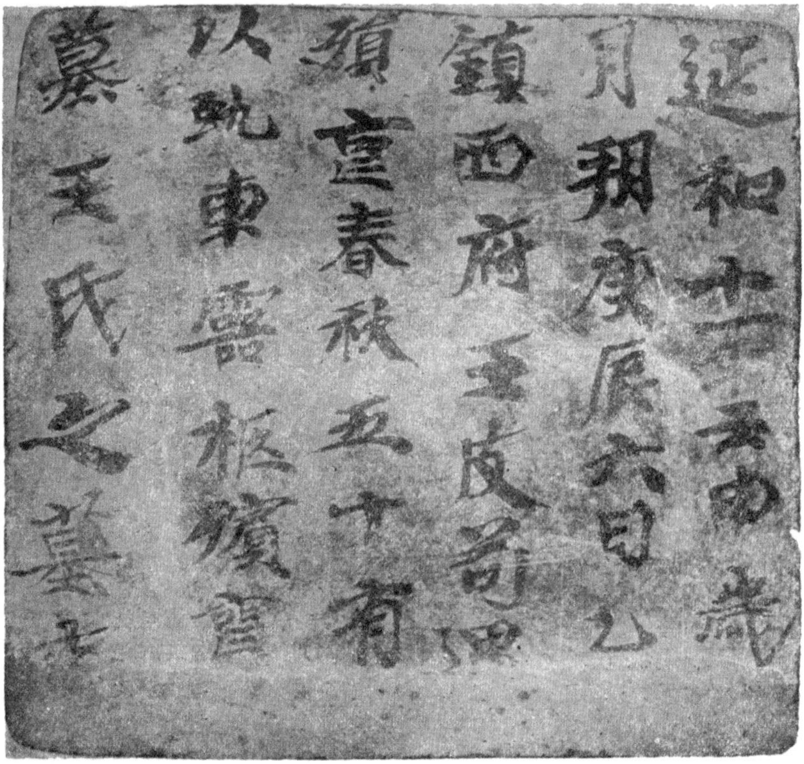

图版43

延和十□□年歲
月翔庚辰六日乙
鎮西府□皮吾□
頌宣春秋五十有
以魬東露柩殯館
墓王氏之墓□

王皮苟墓表

高一尺二寸三分，

广一尺二寸九分，

厚一寸三分，

六行，朱书。

出吐鲁番雅尔湖沟西王茔6。

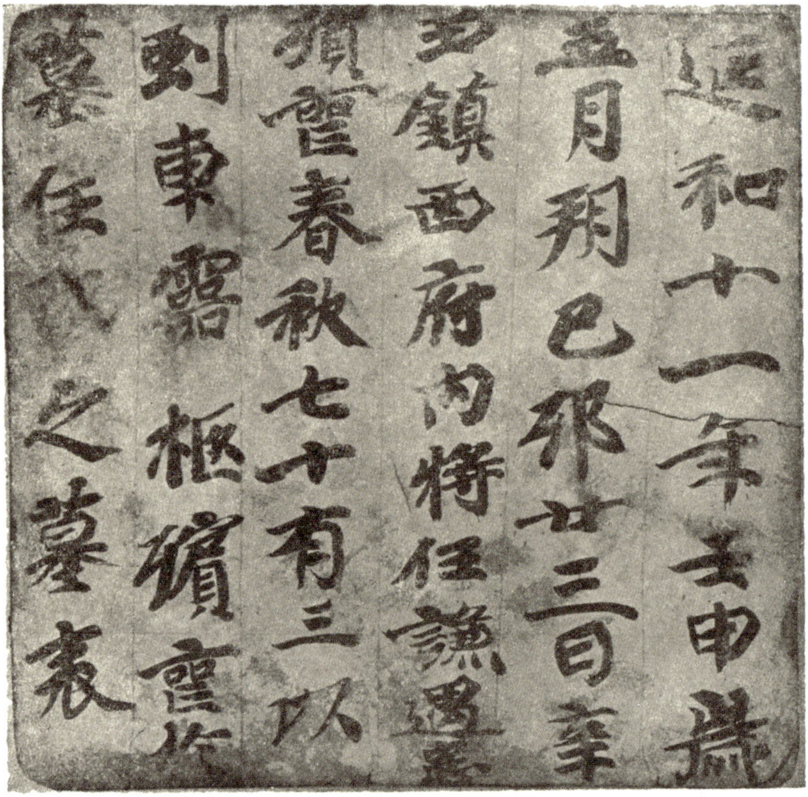

延和十一年壬申歲
正月朔巳邜廿三日辛
巳鎮西府內將任謙遇暴
遺塵春秋七十有三以
劉車露柩殯塵於
墓任乀之墓表

图版44

任谦墓表

高一尺二寸弱，

广一尺二寸弱，

厚一寸二分强，

六行，朱书，刻格。

出吐鲁番雅尔湖沟西任茔12。

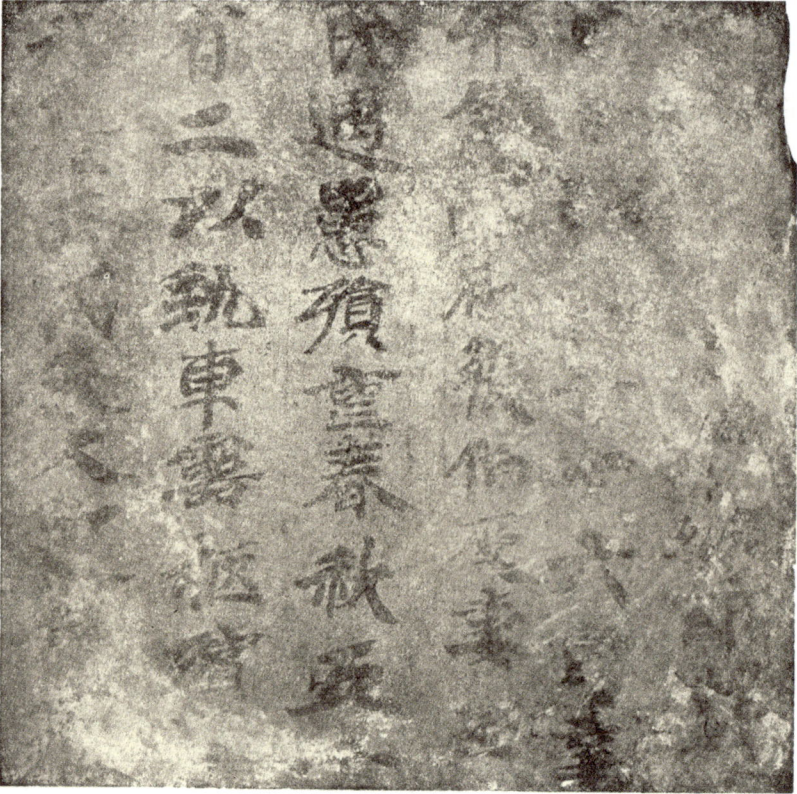

图版45

张伯厦妻王氏墓表

高一尺零三分，
广一尺零三分，
厚一寸二分，
六行，朱书。
出吐鲁番雅尔湖沟西古坟茔。

图版46

唐幼谦妻麴氏墓表

高一尺零五分，

广一尺零二分，

厚一寸一分，

七行，朱书。

出吐鲁番雅尔湖沟西唐茔1。

图版47

赵僧胤墓表

高一尺一寸九分，

广一尺二寸七分，

厚一寸一分，

六行，朱书。

出吐鲁番雅尔湖沟西赵茔1。

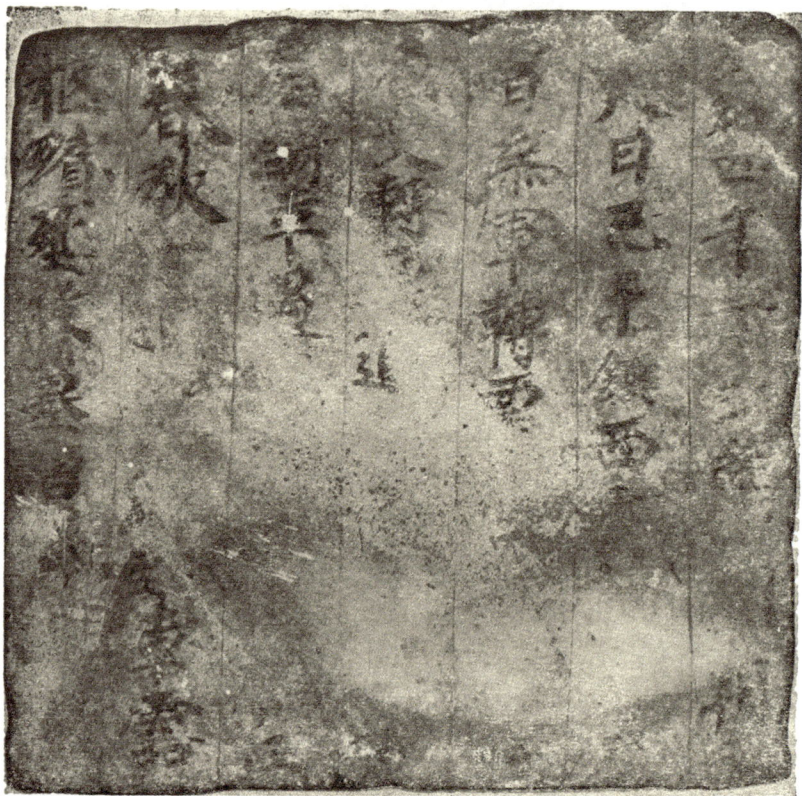

图版48

唐舒墓表

高一尺一寸弱，

广一尺一寸强，

厚一寸二分，

七行，墨书。

出吐鲁番雅尔湖沟西唐茔3。

图版49

刘保欢墓表

高一尺二寸强，

广一尺二寸强，

厚一寸强，

四行，朱书。

出吐鲁番雅尔湖沟西刘茔3。

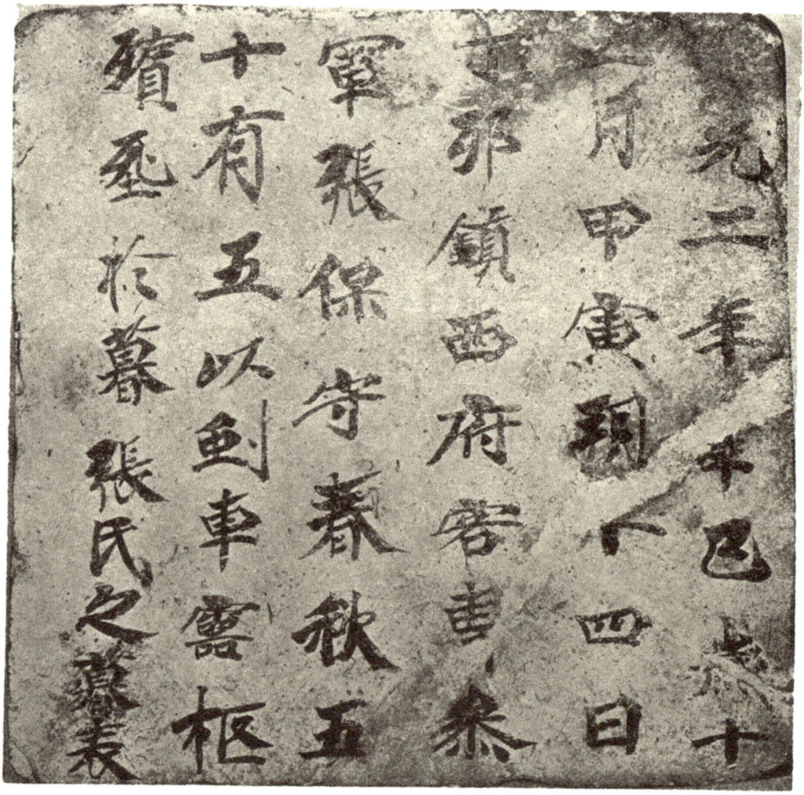

殯丞於幕　張氏之墓表　十有五以剋車窨柩　軍張保寄春秋五　南郡領西府嗇夫秦　一月甲寅朔十四日　元二年十□□十

图版50

张保守墓表

高一尺弱，

广一尺弱，

厚一寸强，

六行，朱书。

出吐鲁番雅尔湖沟西张茔5。

图版51

　　　　　　　　　　　　　　　高昌砖集

赵悦子妻马氏墓表

高一尺一寸七分，

广一尺一寸八分，

厚一寸五分，

六行，朱书。

出吐鲁番雅尔湖沟西赵茔7。

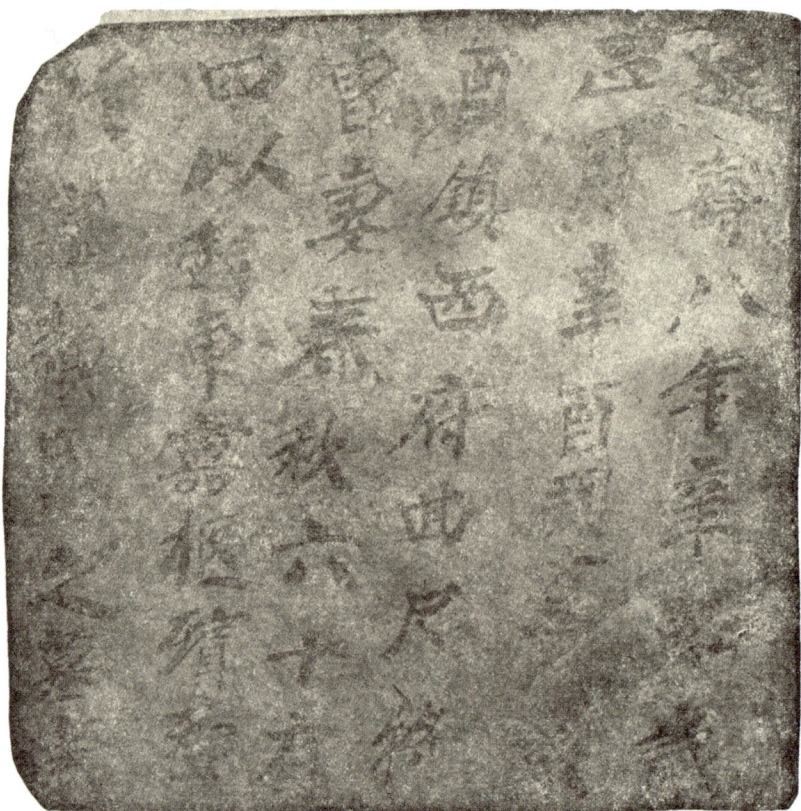

图版 52

曹妻苏氏墓表

高一尺一寸，

广一尺零八分，

厚一寸三分，

六行，朱书。

出吐鲁番雅尔湖沟西曹茔5。

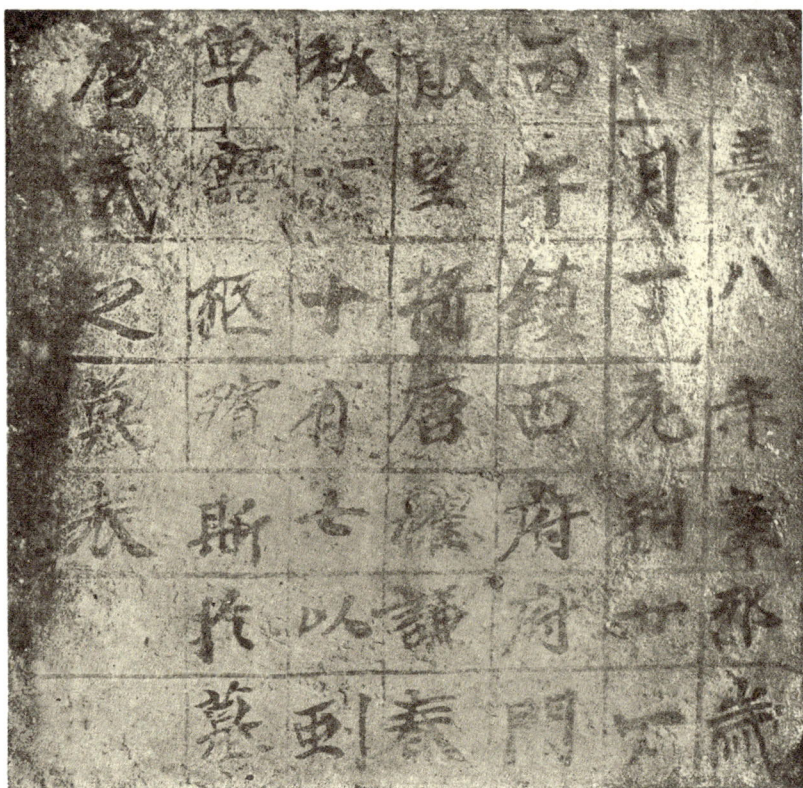

図版53

唐耀谦墓表

高一尺零五分，

广一尺零五分，

厚一寸二分，

七行，朱书，朱格。

出吐鲁番雅尔湖沟西唐茔1。

图版 54

麴延绍墓表

高一尺零七分强，

广一尺零七分，

厚一寸二分，

六行，朱书。

出吐鲁番雅尔湖沟西麴茔6。

图版55

赵悦子墓表

高一尺一寸，

广一尺一寸，

厚一寸五分，

六行，朱书。

出吐鲁番雅尔湖沟西赵茔7。

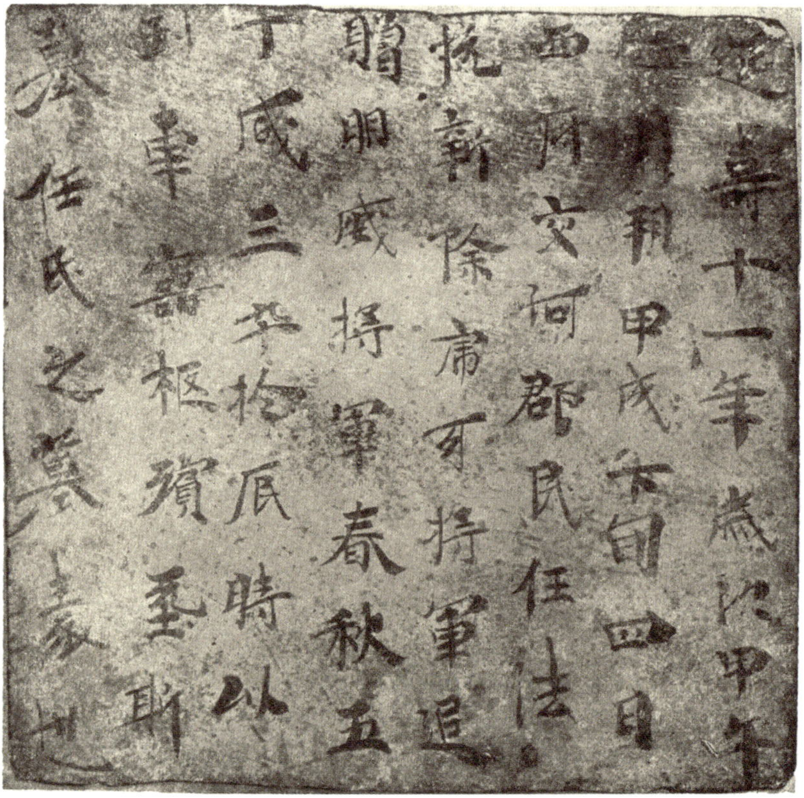

图版 56

任法悦墓表

高一尺零七分，

广一尺零七分，

厚一寸一分，

八行，朱书。

出吐鲁番雅尔湖沟西古坟茔。

图版57

唐阿朋墓表

高一尺零七分，

广一尺零五分强，

厚一寸一分，

七行，朱书，朱格。

出吐鲁番雅尔湖沟西唐茔14。

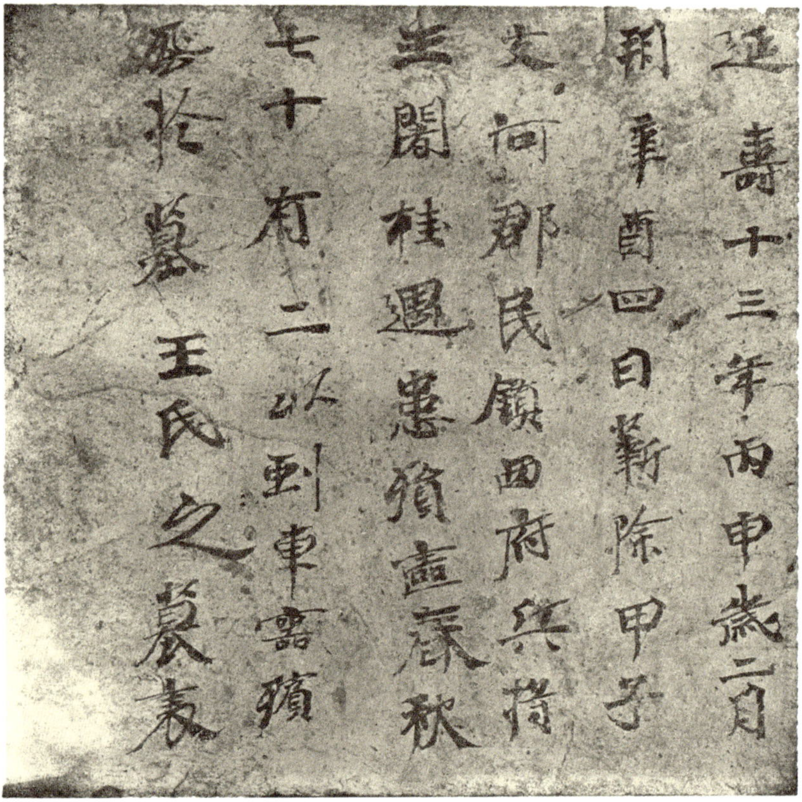

延壽十三年丙申歲二月

荆軍酉四日薪除甲子

文何郡民鎮田府兴持

出閣桂遇憲猶盡春秋

七十有二以到車霉殯

乖於墓　王氏之墓表

图版58

王阇桂墓表

高一尺零六分弱，

广一尺零八分弱，

厚一寸一分，

六行，朱书。

出吐鲁番雅尔湖沟西王茔2。

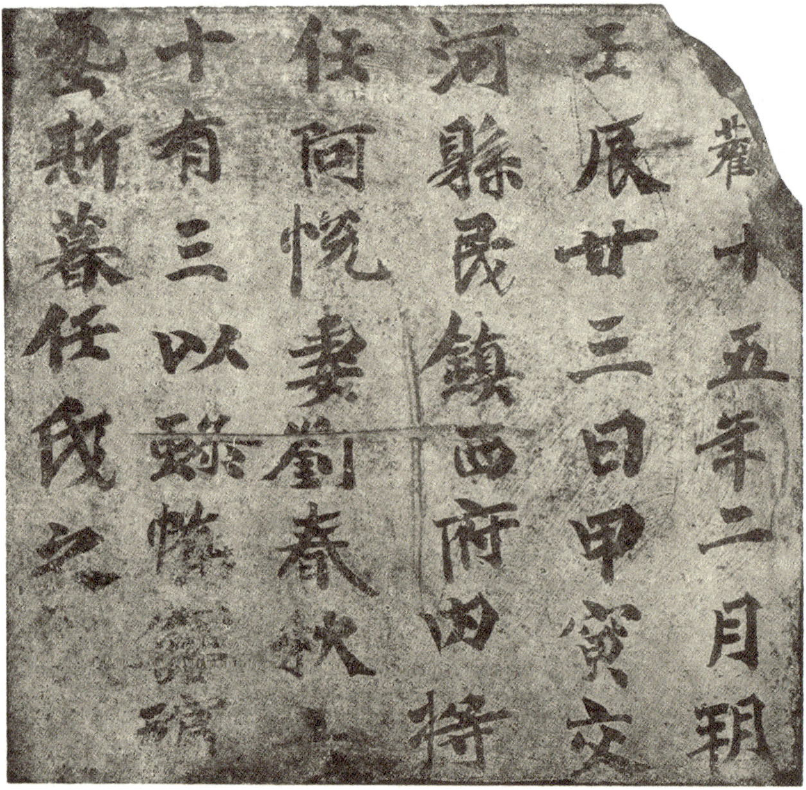

蘁十五年二月朔
壬辰廿三日甲寅交
河縣民鎮西府西將
任阿悅妻劉春秋
十有三以縣幀縮
玄斯藂任氏之

図版59

任阿悦妻刘氏墓表

高一尺二寸强，

广一尺二寸三分强，

厚一寸三分，

六行，朱书。

出吐鲁番雅尔湖沟西任茔14。

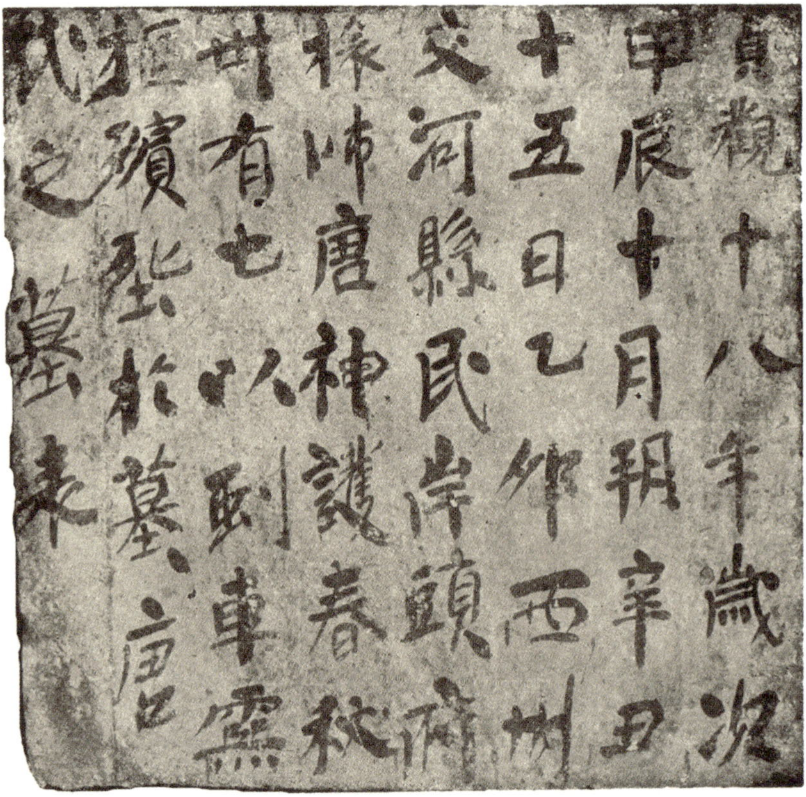

图版60

唐神护墓表

高一尺零六分，

广一尺零六分，

厚一寸三分，

八行，朱书。

出吐鲁番雅尔湖沟西唐茔13。

图版61

王朋显墓表

高一尺零五分，

广一尺零七分，

厚一寸三分弱，

七行，朱书。

出吐鲁番雅尔湖沟西王茔1。

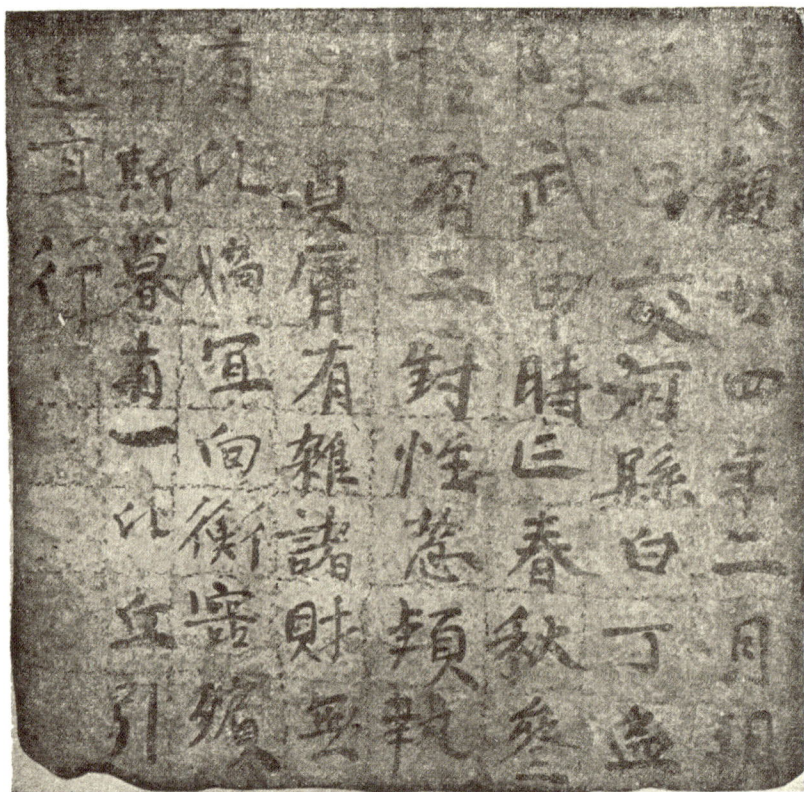

图版62

孟隆武墓表

高一尺零六分，

广一尺零六分，

厚一寸五分，

八行，朱书，朱格。

出吐鲁番雅尔湖沟西孟茔6。

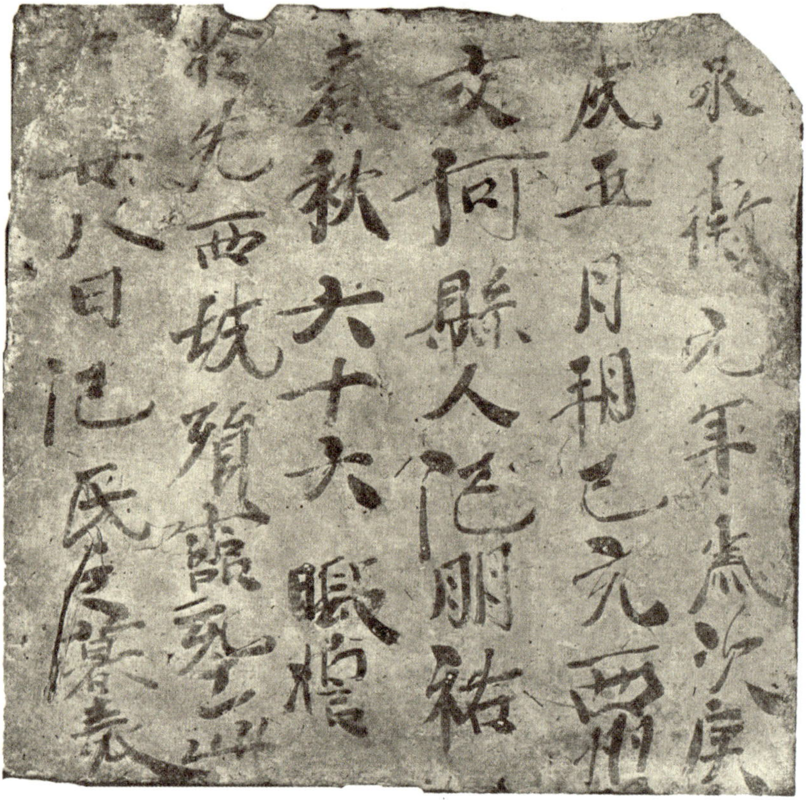

图版63

氾朋祐墓表

高一尺一寸，

广一尺一寸，

厚一寸五分，

六行，朱书。

出吐鲁番雅尔湖沟西氾茔3。

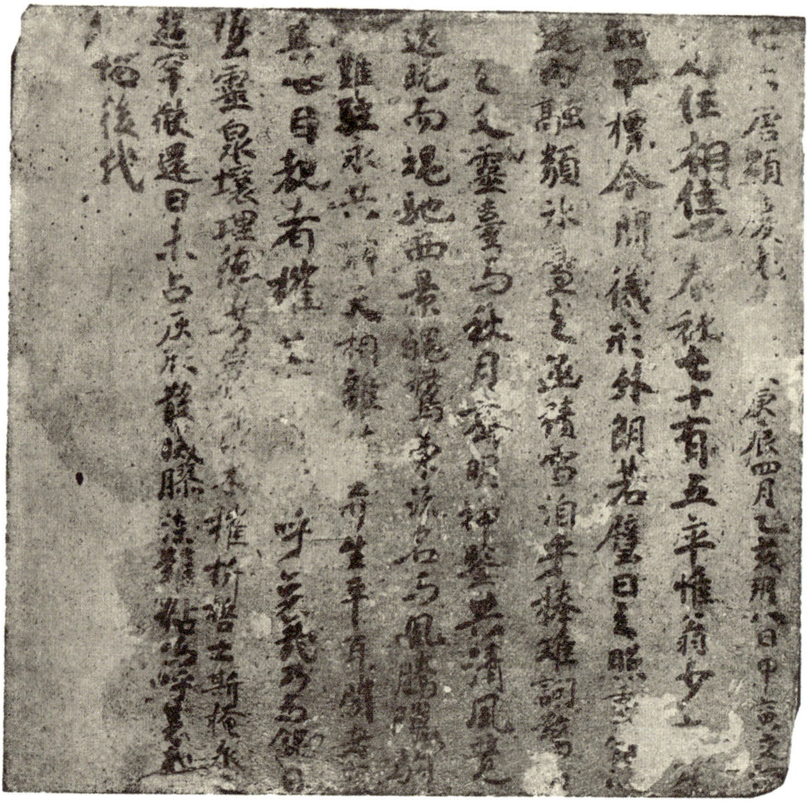

图版64

任相住墓志铭

高一尺一寸六分，

广一尺一寸七分，

厚一寸一分强，

十一行，墨书。

出吐鲁番雅尔湖沟西任茔20。

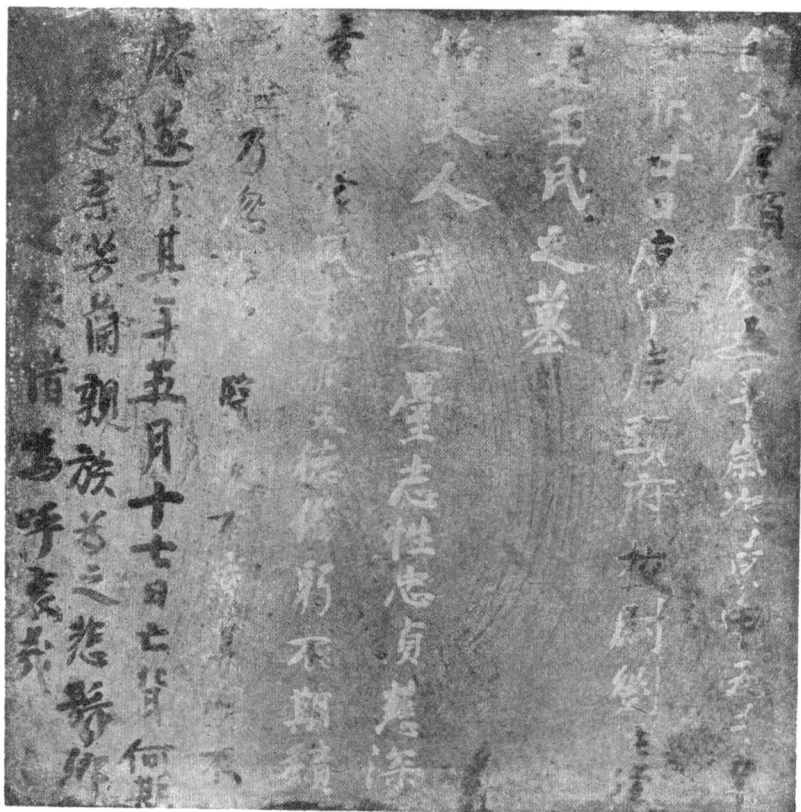

图版65

刘住隆妻王延台墓志

高一尺一寸三分弱，

广一尺一寸二分，

厚一寸四分，

九行，朱书。

出吐鲁番雅尔湖沟西刘茔5。

图版66

田庆延墓志

高一尺二寸,

广一尺二寸弱,

厚一寸五分,

七行,朱书。

出吐鲁番雅尔湖沟西古坟茔。

图版67

翟那宁昏母康波蜜提墓志

高一尺一寸，

广一尺零八分，

厚一寸八分，

四行，墨书。

出吐鲁番阿斯塔拉古坟茔。

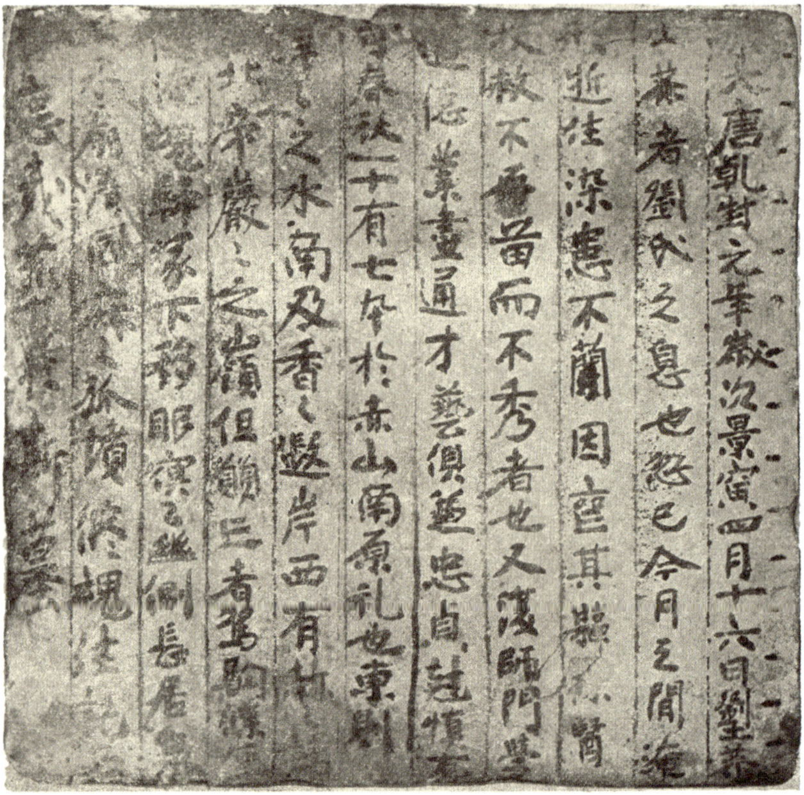

图版68

刘土恭墓志铭

高一尺一寸七分，

广一尺一寸九分弱，

厚一寸四分强，

十一行，朱书，朱格。

出吐鲁番雅尔湖沟西刘茔6。

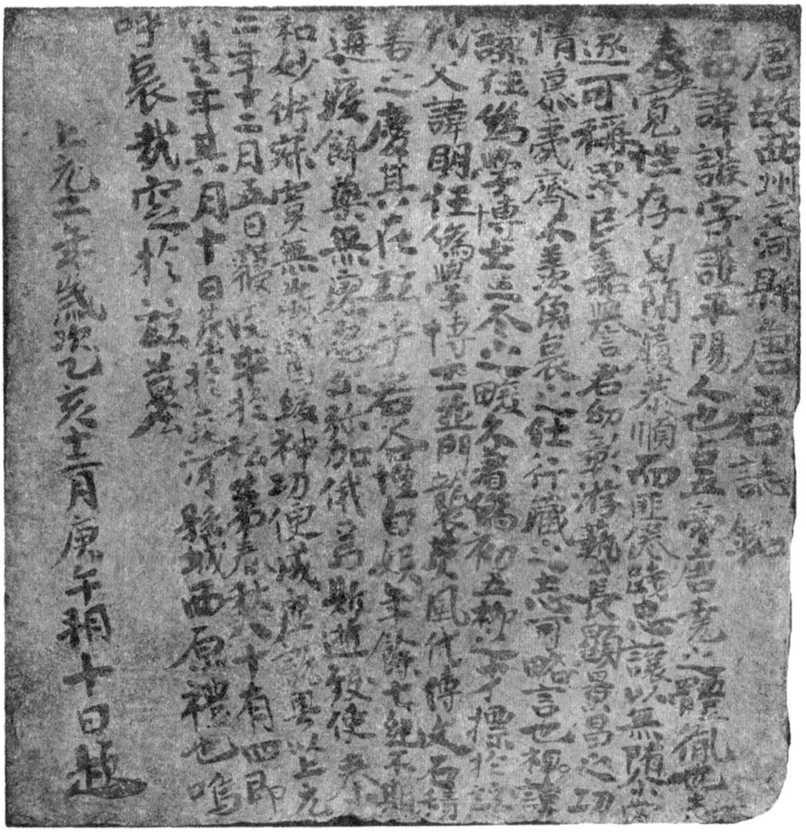

图版69

唐谯墓志铭

高一尺一寸一分，

广一尺零六分，

十四行，朱书。

出吐鲁番雅尔湖沟西唐茔7。

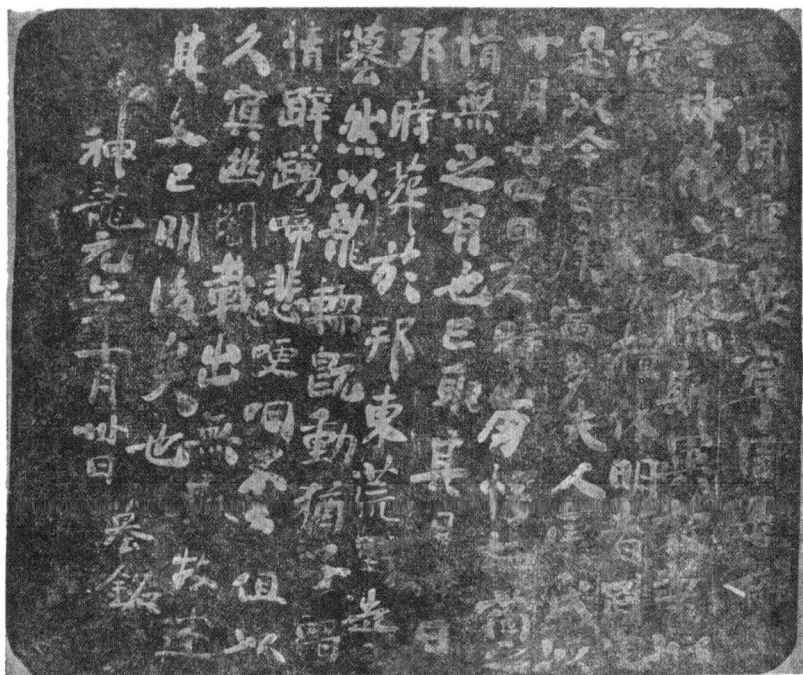

图版 70

康富多夫人墓志铭

高一尺一寸五分，

广一尺三寸四分，

厚一寸五分弱，

十二行，墨地，粉书。

出吐鲁番阿斯塔拉古坟茔。